DORIC GERMAIN

Lucie Hotte

avec la collaboration de
Véronique Roy

DORIC GERMAIN

Les Éditions
David

Les Éditions David remercient le Conseil des Arts du Canada, le Secteur franco-ontarien du Conseil des arts de l'Ontario et la Ville d'Ottawa. En outre, nous reconnaissons l'aide financière du gouvernement du Canada par l'entremise du Fonds du livre du Canada pour nos activités d'édition.

**Catalogage avant publication
de Bibliothèque et Archives Canada**

Hotte, Lucie

    Doric Germain / Lucie Hotte ; avec la collaboration de
Véronique Roy.

(Voix didactiques. Auteurs)
Comprend des références bibliographiques.
Publ. aussi en format électronique.
ISBN 978-2-89597-206-8

    1. Germain, Doric, 1946- — Critique et interprétation. I. Roy,
Véronique, 1976- II. Titre. III. Collection : Voix didactiques.
Auteurs

PS8563.E675Z65 2012   jC843'.54   C2011-906537-1

Les Éditions David   Téléphone : 613-830-3336
335-B, rue Cumberland   Télécopieur : 613-830-2819
Ottawa (Ontario) K1N 7J3   info@editionsdavid.com
www.editionsdavid.com

INTRODUCTION

L'œuvre de Doric Germain est incontestablement la plus étudiée dans les écoles secondaires de l'Ontario français. Depuis la parution de *La vengeance de l'orignal* en 1980, des milliers d'élèves franco-ontariens ont lu ses livres, certains les ont adaptés à la scène, d'autres en ont tiré des bandes dessinées, tous ont pu y reconnaître leur réalité, leur langue, voire leur coin de pays. Les élèves d'ailleurs se laissent séduire, pour leur part, par l'exotisme des lieux où se déroulent ses histoires, les nombreuses péripéties qui scandent les récits tout comme le style enjoué et vivant de l'auteur. L'œuvre de Doric Germain s'avérait donc incontournable dans cette collection « Voix didactiques – Auteurs » qui vise à faire connaître les livres d'écrivains pour la jeunesse, aptes à être enseignés dans les écoles secondaires et les cégeps.

Parmi les romans de Doric Germain, trois forment un ensemble : *La vengeance de l'orignal*, *Le trappeur du Kabi* et *Le soleil se lève au Nord*. Ces trois romans s'adressent à un public adolescent. Leurs actions se déroulent dans la région de Hearst dans le Nord de l'Ontario. En outre, leurs personnages doivent tous affronter la nature — parfois inhospitalière — et apprivoiser l'altérité, tant la leur que celle des anglophones et des Amérindiens. Certains surmontent les épreuves qui les attendent au détour de chaque page, d'autres échouent lamentablement. Dans tous les cas, il s'agit pour eux de faire l'apprentissage de la vie.

C'est pour ces raisons que nous avons choisi de présenter ici ces trois romans. Ils gagnent à être mis en relation les uns avec les autres. De plus, par leur vivacité, leur humour, leurs personnages attachants et leurs aventures haletantes, ils répondent aux attentes des jeunes lecteurs, tout particulièrement des jeunes garçons — qu'on a bien souvent du mal à faire lire.

Ce livre se veut donc à la fois une initiation à ces romans de Doric Germain et un outil pour en approfondir la lecture. La première partie présente l'analyse des trois textes par une étude du récit, de l'espace et du temps, des personnages ainsi que des thématiques abordées dans chacun des livres. Nous y présentons aussi des considérations plus formelles sur la composition des romans, la voix narrative, le genre auquel appartiennent les livres et nous proposons quelques pistes de réflexion. La deuxième partie comporte un dossier documentaire divisé en deux sections : la première porte sur le cadre spatial des romans, soit la région de Hearst et la réserve amérindienne de Constance Lake ; la seconde, sur l'intertextualité (dans un sens large) qui lie les romans de Germain aux œuvres de Jack London et d'Oliver Curwood, lectures d'enfance de l'auteur franco-ontarien. Une entrevue avec Doric Germain clôt l'ouvrage.

BIOGRAPHIE
DE L'AUTEUR

Né en 1946, au lac Sainte-Thérèse dans le Nord de l'Ontario, Doric Germain a grandi dans cette région de lacs et de forêts, où il a développé une passion autant pour la chasse et la pêche que pour la littérature. C'est son goût de la lecture qui l'a poussé à faire des études en lettres françaises d'abord pour obtenir un baccalauréat au Collège universitaire de Hearst, puis une maîtrise à l'Université d'Ottawa où il a rédigé une thèse sur la *Chanson de Roland*. Le genre épique qui raconte les grandes aventures d'un héros a laissé des traces dans ses romans où le bien et le mal s'affrontent, où les personnages valeureux sont récompensés et où les actions sont vives. Il a enseigné pendant quelque temps à l'école secondaire avant de devenir professeur à l'Université de Hearst.

Au cours d'une conférence qu'il a donnée dans le cadre du colloque « Thèmes et variations. Regards sur la littérature franco-ontarienne », Doric Germain raconte que c'est par la lecture qu'il est venu à la

littérature[1]. Enfant, il lisait tout ce qui lui tombait
sous la main même s'il préférait les romans d'aventures. Si ce goût pour la lecture l'amène à poursuivre
ses études en littérature, l'idée d'écrire ne lui vient
qu'une fois devenu enseignant de français à l'école
secondaire. Il se rend alors compte que peu d'élèves
partagent son enthousiasme pour la lecture. Durant
l'année scolaire 1969-1970, éprouvant certaines difficultés à enseigner *Maria Chapdelaine* à des étudiants
— tous des garçons — inscrits dans une classe de
11e année technique, l'idée lui vient que s'il pouvait
leur enseigner un roman qui parlerait de leur réalité
et de leurs intérêts, il aurait plus de chance de leur
faire aimer la lecture. Il se met donc à l'écriture non
pas d'un roman, mais d'aventures se déroulant à
Hearst qu'il s'empresse de partager avec ses élèves.
Ceux-ci commentent le texte et Doric Germain y
apporte des changements. Ce n'est toutefois que dix
ans plus tard, en 1980, que paraîtra ce premier roman
intitulé *La vengeance de l'orignal*. Le roman est, cette
année-là, en lice pour le prix Champlain. Il connaîtra,
au cours des ans, de nombreuses réimpressions et
plusieurs éditions, dont une en braille et une adap-
tation pour les gens en alphabétisation. Ce premier
roman est rapidement mis au programme dans les
écoles secondaires franco-ontariennes où les jeunes

---

1. Doric Germain, « Écrire en Ontario français : un témoignage », dans Lucie Hotte et Johanne Melançon (dir.), *Thèmes
et variations. Regards sur la littérature franco-ontarienne*, Sudbury,
Prise de parole, 2005, p. 31-37.

peuvent enfin lire des histoires qui se déroulent en Ontario français.

Dans les années qui suivent, Doric Germain publiera trois autres romans chez Prise de parole : *Le trappeur du Kabi*, en 1981, *Poison*, en 1985 et *Le soleil se lève au Nord*, en 1991. Un dernier roman, *Défenses légitimes*, paraît en 2003 aux Éditions le Nordir. De ces romans, trois s'adressent à un jeune public : les deux premiers, *La vengeance de l'original* et *Le trappeur du Kabi* ainsi que le quatrième, *Le soleil se lève au Nord*. Ce sont des romans d'apprentissage. Pour sa part, *Poison* est un roman psychologique qui met en scène une jeune femme, Andréanne, devenue alcoolique et toxicomane à la suite d'une enfance passée auprès d'un père alcoolique et violent et d'une mère soumise. *Défenses légitimes* est un roman historique qui raconte les événements ayant conduit à l'émeute meurtrière de la nuit du 10 au 11 février 1963. La confrontation, à Reesor Siding, petite localité entre Kapuskasing et Hearst dans le Nord de l'Ontario, entre les grévistes de la Spruce Falls Power and Paper Company et les cultivateurs locaux qui possédaient des droits de coupe de bois et vendaient leur bois à la même compagnie, fit trois morts et de nombreux blessés. Ce roman a remporté le Prix des lecteurs Radio-Canada en 2004. Il est lui aussi fréquemment à l'étude dans les écoles franco-ontariennes puisqu'il raconte une page d'histoire souvent oubliée de la communauté francophone de l'Ontario.

L'œuvre de Doric Germain s'étend donc sur trois décennies. Elle a valu à son auteur maintes reconnaissances dont des prix littéraires prestigieux et est maintenant fort connue des lecteurs franco-ontariens. Espérons que cet ouvrage contribuera à la faire connaître davantage, en Ontario français et au-delà de ses frontières.

PREMIÈRE PARTIE

Étude de
La vengeance de l'orignal,
Le trappeur du Kabi
et Le soleil se lève au Nord

La vengeance
de l'orignal

RÉCIT

La vengeance de l'orignal raconte l'histoire de deux touristes américains, James Collins et Philip Daggett, qui décident de chasser l'orignal à Hearst, dans le Nord de l'Ontario, pendant leurs vacances. Lorsque la fin de leur séjour approche et qu'ils n'ont toujours pas abattu une bête, ils font appel aux services de Roger Lavoie, pilote d'hélicoptères pour la Carey Lake Outfitters : ils espèrent ainsi mieux cerner leur proie grâce à la vue qu'ils auront du haut des airs.

Mais il est illégal de chasser ainsi l'orignal. Qu'à cela ne tienne ! Les deux chasseurs montent tout de même à bord de l'appareil de Lavoie, repèrent un orignal et le tuent, aussitôt après avoir atterri près du bosquet où s'était tapie la bête. Or, les choses se gâtent lorsque Lavoie tente de remorquer l'orignal jusqu'à Hearst en l'arrimant à l'hélicoptère. L'engin s'écrase et les trois braconniers en sont quittes pour survivre en forêt jusqu'à l'arrivée des secours. Ils se réfugient dans une cabane abandonnée située près du lac Pitukupi. Ils font alors une découverte surprenante : sous le plancher de la cabane sont enfouies des pépites d'or qui leur font croire qu'un filon les attend près de là.

Grâce à la vigilance du garde-chasse de district, Sylvio Tremblay, ils sont finalement secourus, mais, à cause de son témoignage, ils sont accusés de braconnage et condamnés à payer une amende de 5 000 $ chacun. Convaincus de récupérer cette somme grâce au projet de prospection minière qui germe désormais dans leur esprit, ils payent tous trois avec le sourire.

Quand on les retrouve, au mois de mai de l'année suivante, ils s'affairent à des travaux d'exploration qui demeurent sans résultats. Obsédés par leur désir d'or, les trois hommes saccagent le paysage dans leur quête du métal précieux. Le sort s'acharne contre eux : Daggett sera d'abord attaqué par une ourse qui défend ses petits ; Lavoie découvrira ensuite le cadavre d'un ancien prospecteur dans le lit de la rivière ; Daggett devra enfin retourner à Détroit où sa femme, sans nouvelle de lui depuis des mois, se meurt des suites d'un accident de voiture. Faut-il y voir un châtiment lié au non-respect de l'environnement ? S'agit-il de la vengeance de l'orignal abattu illégalement annoncée par le titre du roman? La suite de l'histoire le laisse croire.

En effet, malgré l'absence de Daggett, Lavoie et Collins continuent les recherches et mettent finalement la main sur de l'or. Ils tentent d'en accumuler le plus possible, tant et si bien qu'ils quittent la forêt au mois de novembre, au moment où l'hiver menace de s'installer. Souhaitant dérober leur butin des regards indiscrets et de la convoitise d'autrui, ils décident imprudemment de ne pas passer par Hearst pour rentrer à la maison. Ils tentent plutôt de quitter la forêt par voie d'eau, pour aller vers la ville de Moosonee, sur la Baie James. Malheureusement, une tempête s'élève et les deux hommes, aveuglés par le blizzard, périssent dans l'eau glacée de la rivière lorsque leur embarcation s'écrase sur un rocher qu'ils n'ont pu éviter. Au même moment, Daggett part à leur recherche dans la forêt; il s'y perd et y meurt de froid. Inquiet de l'absence des trois hommes, en cette période de l'année, Sylvio Tremblay part à leur recherche. Mais il ne retrouve que les débris du bateau de Lavoie et Collins, ainsi qu'une immense cargaison d'or qu'il ramène à bord de son bateau. La vengeance de l'orignal s'est enfin accomplie.

ESPACE, TEMPS ET PERSONNAGES

Espace

L'action du roman se déroule dans le Nord de l'Ontario. Deux grands axes géographiques sont privilégiés et opposés : la ville de Hearst et la forêt adjacente.

La ville de Hearst occupe un rôle plutôt secondaire dans *La vengeance de l'orignal*. Quatre scènes seulement s'y déroulent : deux dans la première partie intitulée «La chasse», une dans la deuxième partie, «À la recherche de l'or», et une quatrième dans la dernière partie, «La fortune». Les deux premières sont liées au rôle administratif dévolu à la ville où se trouve le bureau de district du ministère de la Chasse et de la Pêche. C'est d'ailleurs à Hearst, plus précisément au bureau du garde-chasse en chef, que l'on rencontre Sylvio Tremblay dès le début du roman. Puis, les personnages y retournent y subir leur procès pour avoir contrevenu à la loi sur la chasse. À travers le personnage de Sylvio Tremblay et de ses infrastructures administratives, Hearst est, dans le roman, le lieu de la Loi. Les deux dernières scènes s'y déroulant concernent plutôt Hearst en tant que centre de ravitaillement pour les trois prospecteurs qui s'y rendent à intervalles réguliers afin d'acheter du matériel et des provisions. Seuls deux de ces voyages en ville sont relatés dans le roman. Ces deux courts chapitres justifient le choix des prospecteurs

— qui s'avérera fatal — de ne pas passer par Hearst lorsqu'ils sortiront leur or de la forêt. En effet, dans la première scène, Collins, ivre, raconte tout de leur aventure aux hommes avec qui il est attablé au bar. Ceux-ci, dès lors au courant de l'entreprise des trois chercheurs d'or, l'ébruitent à toute la ville. Collins en fait des cauchemars dans lesquels il voit l'un des hommes — « le géant roux aux oreilles décollées » — lui dérobant son or. Lors du deuxième voyage de ravitaillement, Collins et Lavoie se rendent à Hearst ensemble, en grande partie pour y acheter des armes afin de défendre leur butin. Ils en profitent pour se faire couper les cheveux et raser, acheter de nouveaux vêtements, prendre des bains, en somme pour redevenir humains. Partout, ils sont poursuivis par les citadins qui leur posent des questions sur leurs activités en forêt puisque les hommes du bar ont aiguisé leur curiosité. Lorsque Collins et Lavoie entreprennent le voyage de retour vers leur lieu de prospection, certains, dont « le géant roux aux oreilles décollées », les poursuivent même en canot afin de découvrir le lieu où se trouve l'or. Ainsi, sur le plan symbolique, les visites à Hearst servent à illustrer la cupidité de l'homme, tant celle des prospecteurs dont la vantardise allume l'intérêt des citadins, que celle de ces derniers qui souhaitent obtenir une part des richesses. Les personnages cupides sont d'ailleurs punis à la mesure de leur défaut : les poursuivants en sont quittes pour une baignade lorsque Collins et Lavoie font feu sur leur embarcation qui s'éventre sur les rochers tandis que les prospecteurs, tant Collins et Lavoie que Daggett, qui reviendra les rejoindre, mourront en forêt à la fin du roman.

La forêt est d'ailleurs le lieu principal de l'action : c'est d'abord là que Lavoie, Daggett et Collins abattent illégalement un orignal, là aussi qu'ils vivent leur aventure de prospection minière qui les mènera à découvrir toutes sortes de lieux. Fait à noter, la plupart de ces endroits portent des noms amérindiens, notamment les rivières Kabinakagami, Kenogami, Nagagami et Pitopiko, ainsi que le lac Pitukupi. L'auteur insiste d'ailleurs souvent, dans des notes de bas de pages, sur la signification de ces mots amérindiens qui traduisent bien souvent le respect de la Nature[1] associé aux Amérindiens, dont le système de valeurs est diamétralement opposé à celui des Blancs qui, du moins dans le roman, violent les lois de la Nature. Certaines désignations topographiques connotent d'ailleurs la force de la nature : Kabinakagami, par exemple, signifie, en cri, « les eaux blanches » et renvoie ainsi aux nombreux tourbillons qui jalonnent la rivière. De même, Lavoie et Collins sont engloutis par les flots, alors qu'ils se dirigent vers Moosonee, ville dont le nom signifie littéralement « la

---

1. L'utilisation de la majuscule s'impose ici — elle est d'ailleurs aussi utilisée dans le roman — puisqu'il s'agit d'une personnification de la Nature qui se voit également investie d'une dimension symbolique importante. Elle constitue en quelque sorte une divinité. Nous utilisons la majuscule lorsque le mot revêt cette signification. Dans les autres cas, où le mot renvoie à la nature, nous n'utiliserons pas la majuscule.

terre de l'orignal ». La mort des deux hommes sur « la terre de l'orignal » marque effectivement la fin de la « vengeance de l'orignal ».

Ce qui frappe le plus dans *La vengeance de l'orignal*, c'est le rôle réservé à la nature en tant qu'écosystème. Chaque description est l'occasion de présenter avec maints détails les spécificités géographiques de la région et d'en faire valoir la topographie, la flore et la faune. Ces trois éléments sont reliés de telle façon qu'un effet d'harmonie s'en dégage. Ainsi, la description des lieux parcourus durant le voyage en canot vers le lac Pitukupi, par exemple, peint un endroit empreint de sérénité que la présence des hommes avec leur « embarcation insolite » vient malheureusement perturber :

> Ici, c'était un castor sillonnant la surface de l'eau avec une branche de tremble entre les dents et qui, à l'approche du canot, plongeait en frappant l'eau de sa large queue plate pour avertir ses congénères du danger. Là, c'était un vison troublé dans son repas de poisson qui disparaissait dans les broussailles d'un mouvement vif et sinueux. Ailleurs, un ours noir, assis dans l'eau peu profonde d'une baie, venait vérifier, après son long jeûne d'hiver, si le poisson avait commencé à frayer. On eût même la chance d'apercevoir un vieil orignal indolent qui n'interrompit son dîner de plantes aquatiques que pour suivre un moment du regard l'embarcation insolite. (*VO*, p. 51)

Les descriptions de la nature peignent un monde harmonieux et suggèrent ainsi que tous ceux qui habitent la forêt devraient vivre en accord avec ses lois, ce à quoi ne parviendront malheureusement pas les trois prospecteurs.

Temps

La vengeance de l'orignal relate une histoire qui remonte à l'automne 1975. L'intrigue boucle en fait un cycle annuel : entre l'incident de la chasse à l'orignal (11 novembre 1975, jour de l'armistice qui paradoxalement sonne le glas pour les personnages) et la mort des trois prospecteurs (8 novembre 1976), il s'écoule une année. Le roman insiste d'ailleurs sur le passage des quatre saisons qui scandent l'intrigue. Les repères temporels du roman témoignent du passage des saisons, des conditions atmosphériques propres à chacune. Il y a d'abord l'hiver qui débute immédiatement après les « vacances de la chasse », un hiver dur et glacial :

> Même les gens qui ont vécu dans le Nord de l'Ontario toute leur vie durant sont surpris chaque année de la rigueur de l'hiver. Du début de décembre à la fin de mars, les vagues de froid se succèdent presque sans interruption. Au sommet de la vague, le thermomètre marque 40° ou 45° sous zéro. Au creux de la vague, le mercure monte à moins 10° ou moins 22° pendant une journée ou deux, puis tout recommence. (*VO*, p. 45)

Vient ensuite le printemps, saison du renouveau, qui marque le début des recherches des trois prospecteurs : « La neige diminua peu à peu, comme si elle se résorbait, pendant que les cours d'eau se gonflaient jusqu'à faire éclater leur corset de glace. Et au début de mai, presque sans transition, ce fut le printemps. C'est ce moment-là que Collins et Daggett choisirent pour revenir au Canada. » (*VO*, p. 45-46) Puis l'été nordique succède au printemps, avec son lot de satisfactions mais aussi de désagréments :

> On accueillit avec délice les premières chaleurs de l'été. Pourtant, elles n'avaient pas que des avantages. Avec elles apparurent les moustiques, des nuages de moustiques. Le matin, les brûlots commençaient la valse, si petits qu'aucun moustiquaire n'aurait pu leur interdire l'accès à la cabane. L'avant-midi, avant que le soleil ne devienne trop ardent, c'était le tour des maringouins, dont la morsure provoque de cruelles démangeaisons. Le soir, les mouches noires entraient dans la danse, pénétrant partout, dans les vêtements, les oreilles, les cheveux... (*VO*, p. 61)

Puis l'année s'achève enfin avec l'automne. Cette saison fait l'objet de descriptions beaucoup plus détaillées que les autres, notamment parce qu'elle multiplie les avertissements à l'intention des prospecteurs qui, pris par leur soif de l'or, ne pensent pas à quitter la forêt. Il y a d'abord les journées « de plus en plus brèves et les nuits plus fraîches » (*VO*, p. 101) suivies des « journées pluvieuses de septembre » (*VO*, p. 102) ; puis arrive cette « gelée blanche » qui signifie que l'été est « bel et bien fini » (*VO*, p. 103).

Bientôt, la Nature envoie des avertissements non équivoques à Collins et Lavoie, qui sont restés seuls en forêt après le départ de Daggett, avertissements qu'ils ignoreront. Ce sont d'abord les feuilles des arbres qui changent de couleur, prenant des teintes rouges, brunes et jaunes, et signalent ainsi que la forêt se prépare à «entrer dans cette longue hibernation, si semblable à celle du tombeau» (*VO*, p. 103). Ce sont ensuite, «les vols d'oies sauvages qui semblaient leur indiquer la voie de la sagesse et la direction à suivre pour rentrer» (*VO*, p. 103). Enfin, la neige annonce que l'hiver est véritablement arrivé : «Deux fois déjà il avait neigé. D'ici quelques semaines, la neige allait reprendre possession du terrain de façon permanente. Il ne fallait surtout pas se laisser prendre au piège par les glaces de novembre.» (*VO*, p. 104). Or, «[l]es hommes n'y prirent pas garde. Ils travaillaient avec acharnement pour tirer du bassin tout ce qu'il serait possible d'en tirer avant que la glace ne vienne mettre fin à leur moisson.» (*VO*, p. 103). Ils attendent donc de ne plus rien retirer du ruisseau avant de partir vers le Sud. Trop tard, hélas puisqu'ils succomberont lors d'une violente tempête hivernale.

Le temps revêt donc un rôle très particulier dans *La vengeance de l'orignal*. Plus qu'un simple signifiant chronologique, le cycle des saisons se fait le prolongement d'une Nature à laquelle on doit être attentif si l'on veut non seulement vivre en paix avec soi et les autres, mais surtout si l'on tient à survivre.

Personnages

La vengeance de l'original a cette particularité de ne mettre en scène que des personnages masculins dans un schéma actantiel simple, mais efficace puisque misant essentiellement sur la psychologie des personnages. Quatre hommes se partagent les rôles principaux. D'un côté, les deux chasseurs américains, Philip Daggett et James Collins, accompagnés de leur guide franco-ontarien, Roger Lavoie ; de l'autre, le garde-chasse ontarois, Sylvio Tremblay qui a comme adjuvant la Nature. Trois derniers personnages, qui jouent des rôles tout à fait accessoires, méritent néanmoins qu'on les mentionne : le Capitaine, ancien prospecteur décédé dans la rivière que viendront violer les protagonistes chasseurs et dont la mort seul sur les bords de la rivière qu'il prospectait devrait leur servir de mise en garde ; l'Amérindien George Mattawashpi et le Métis de Mammamattawa, qui illustrent, pour leur part, le monde autochtone et augurent *Le trappeur du Kabi*, deuxième roman de Doric Germain. Le système des personnages, dans *La vengeance de l'orignal*, comme dans les autres romans de Germain, est fortement polarisé entre les « méchants » et les « bons ». Cette polarisation découle d'une axiologie fondée sur l'écologie et le respect de la Nature.

PHILIP DAGGETT

Originaire de Détroit, aux États-Unis, Philip Daggett est l'un des deux touristes venus passer ses vacances dans le Nord de l'Ontario, dans l'espoir d'abattre un orignal. Sans avoir l'étoffe d'un Lavoie, véritable Daniel Boone des temps modernes, il s'adapte mieux cependant à la vie en forêt que Collins, qui se lamente des épreuves qu'elle leur impose :

> Collins ne parlait plus que de ce pays de sauvages qu'il vouait à tous les diables. Pour s'endormir le soir, il devait avoir de plus en plus recours au whisky, et le matin, la «gueule de bois» venait s'ajouter à ses problèmes. Daggett, malgré ses rhumatismes, supportait mieux les rigueurs du climat et l'âpreté du travail. En tous cas, il maugréait moins. Quant à Lavoie, jamais il n'avait été plus en forme et il accomplissait à lui seul trois fois plus de travail que les deux autres réunis. (*VO*, p. 62)

Daggett semble aussi beaucoup plus optimiste que Collins. Quand le découragement gagne ce dernier, il lui dit en effet ceci : «Que veux-tu? On n'a rien sans peine. Moi, je reste. Mais si tu veux t'en aller, personne ne te retiendra. De toute façon, tiens le coup pendant encore une semaine. Nous aurons peut-être fait des progrès d'ici là. » (*VO*, p. 63-64)

Malheureusement, il sera contraint de quitter la forêt afin de se rendre au chevet de sa femme victime d'un accident avant que l'or n'ait été découvert. Mais la fièvre de l'or continue de l'habiter : «Daggett était effondré. Il eût été difficile de dire si c'était l'accident de sa femme ou la fin abrupte de son rêve doré qui l'affectait à ce point.» (*VO*, p. 78) Elle ne l'abandonnera d'ailleurs pas de sitôt, car on comprend bientôt, lors de son retour en forêt, qu'il voit sa femme comme un obstacle à la réalisation de ses projets :

> Il était d'humeur exécrable. D'abord, il avait dû rentrer aux États-Unis à la suite de l'accident d'auto de

sa femme. Celle-ci était restée dans le coma pendant trois longs mois pour finalement mourir sans avoir repris conscience. Daggett avait dû remettre ses affaires en ordre et s'occuper de toutes les formalités qu'un décès entraîne toujours avant de pouvoir reprendre la route du Canada. (*VO*, p. 111-112)

Sa quête le mènera lui aussi à la mort. Lorsqu'il se rend en forêt pour retrouver Collins et Lavoie, qu'il croit encore occupés à chercher de l'or, il s'y perd et meurt de froid.

JAMES D. COLLINS

Collins est le beau-frère de Daggett. S'il rechigne d'abord à l'idée de l'accompagner dans le Nord de l'Ontario pour y passer ses vacances (*VO*, p. 12), il est loin de se faire prier, l'année suivante, pour revenir à Hearst à titre de prospecteur. Sur le plan narratif, il joue un rôle beaucoup plus important que celui de Daggett. En effet, c'est à lui que l'on doit la plupart des péripéties du roman : c'est lui qui abat l'orignal, lui qui découvre des pépites d'or sous le plancher de la cabane, lui encore qui demeure en forêt jusqu'au début de l'hiver pour amasser de l'or en compagnie de Lavoie.

Sur le plan psychologique, Collins ne manque pas non plus d'intérêt surtout en raison de ses défauts : l'alcoolisme (*VO*, p. 13, 47, 56, 63, 71), la vantardise (*VO*, p. 71) et la cupidité (*VO*, p. 94) —, comme si sa haine de la forêt ne suffisait pas à le rendre méprisable : « Il se dit bien que quand il serait riche, il ne remettrait plus jamais les pieds en forêt. » (*VO*, p. 94) Ajoutons qu'il fait preuve d'une grande faiblesse morale, lui qui présente un «tempérament plutôt nerveux» (*VO*, p. 33), le faisant «oscill[er] constamment entre un optimisme outrancier et le plus noir découragement.» (*VO*, p. 90) Son attitude le conduira d'ailleurs à la mort : la Nature se vengera de lui en l'engloutissant dans les eaux de la rivière Kenogami.

ROGER LAVOIE

Pilote d'hélicoptère pour la compagnie Carey Lake Outfitters, Roger Lavoie est le seul des trois prospecteurs à être originaire du Nord de l'Ontario. La façon dont il se comporte en forêt le montre d'ailleurs assez bien. Lorsque les trois hommes s'écrasent en hélicoptère, Lavoie dirige les opérations visant à assurer leur survie ; lorsqu'ils reviennent l'année suivante, il conduit Collins et Daggett sur la tumultueuse rivière Kabinakagami ; c'est encore lui qui secoue les deux hommes lorsqu'ils se laissent abattre par la rigueur du climat nordique.

En plus de connaître la forêt, il fait preuve d'une lucidité qui fait défaut aux deux Américains. À la suite de la découverte de l'or, dans la cabane du lac Pitukupi, il est le premier à recommander la conduite à adopter pour que l'existence du trésor reste secrète, le premier à s'inculper lorsqu'il est traduit en justice pour braconnage, le premier également à inventer l'alibi d'une étude hydroélectrique pour cacher ses véritables projets à Sylvio Tremblay. En fait, on pourrait citer de multiples épisodes qui montrent combien Lavoie surpasse ses compagnons en termes de perspicacité.

Malgré ses différences par rapport aux deux Américains, il partage avec eux la fièvre de l'or et la soif du prestige auxquelles vient parfois s'ajouter l'insouciance. Lorsqu'il tente d'épater ses clients en transportant la carcasse de l'orignal, ce qui cause l'écrasement de son hélicoptère, il est loin de poser un geste réfléchi. De même, lorsqu'il commet l'imprudence de naviguer vers le Fort Albany en plein blizzard, c'est que l'or importe plus à ses yeux que la vie, à tel point qu'il néglige sa propre sécurité et celle de Collins. Et comme Collins et Daggett, il mourra pour avoir ainsi préféré l'or à la vie, bref pour être resté sourd aux avertissements de la Nature.

SYLVIO TREMBLAY

Dans *La vengeance de l'orignal*, une description de ce personnage cerne bien sa pensée et le rôle qu'il occupe dans l'intrigue :

> Celui qui parlait avec tant d'autorité était le patron, Sylvio Tremblay. Directeur de la section chasse et pêche de l'un des bureaux de district les plus importants de l'Ontario, autant par la superficie du territoire que par l'abondance de la faune qu'il avait sous sa garde, Tremblay était un homme compétent et dédié à son poste. Ancien trappeur lui-même, il connaissait la forêt comme sa poche et en lui, les braconniers avaient affaire à forte partie. Il comptait à son tableau

> de chasse pas moins d'une trentaine d'orignaux et
> des milliers de canards, d'outardes, de perdrix et de
> lièvres. Cependant, contrairement à bien d'autres, il
> ne devançait jamais la saison prescrite. (*VO*, p. 16-17)

Tremblay, on le voit, se range du côté de la loi, ce qui
l'oppose forcément aux trois braconniers que sont
Daggett, Collins et Lavoie. Il ira d'ailleurs témoigner
contre eux, et contre le propriétaire de la Carey Lake
Outfitters, lorsqu'ils seront traduits en justice. Ce respect des lois, loin de lui nuire, lui permet de projeter
l'image d'un chasseur consciencieux dont la fiche de
succès peut susciter l'envie.

Mais il n'y a pas que la justice des hommes. La Nature a ses lois qu'il faut respecter, et ce sont celles-là
que Tremblay cherche à enseigner à ses pairs : « À
cet homme, on avait confié la lourde tâche de faire
respecter l'ordre millénaire et pourtant si précaire
de la faune, et il s'en acquittait avec un zèle que seul
l'amour profond de la Nature peut donner. » (*VO*,
p. 17) Transcendant les lois des hommes, sa vision de
la chasse le place aux antipodes du braconnage :

> La forêt, il y travaillait, il en vivait et il y passait ses
> loisirs. Mais il avait appris à vivre en harmonie avec
> elle. [...] Pour lui, la chasse permettait à l'homme de
> se mesurer à la Nature et d'apprendre à la connaître.
> Mais pour que cette lutte ait un sens, il fallait que le
> gibier ait une chance de s'en tirer et que le chasseur
> ne puisse triompher de lui que par sa sagacité et sa
> persévérance. (*VO*, p. 17)

Il n'est donc pas surprenant que ce patriarche de la forêt, cet homme aux «tempes grisonnantes» que ses subalternes n'écoutent qu'avec «respect», cherche sans cesse à barrer la route aux trois braconniers. Or, même s'il incarne la loi auprès d'eux, en les questionnant sans cesse sur la nature de leurs projets, il veille aussi sur eux. À deux reprises, il part à leur recherche, la compassion prenant le dessus sur la colère : la première fois, il vient les secourir à la suite de l'écrasement de l'hélicoptère ; la seconde, il retrouve l'épave de leur bateau remplie de sacs d'or. Ainsi, c'est Sylvio Tremblay qui, tout en respectant la loi et la Nature, se retrouve avec l'or à la fin du roman.

Il ne faut toutefois pas croire que le fait que le «bon» soit récompensé et les «méchants» punis rend le système actantiel qui régit les interactions entre les personnages terne et convenu. Germain réussit avec brio à donner à ses personnages une densité et une personnalité propre qui en font toute l'originalité.

LE CAPITAINE

Bien que ce personnage ne paraisse jamais de son vivant dans *La vengeance de l'orignal*, sa présence revêt une charge symbolique des plus intéressantes pour l'étude du récit. Il s'agit en fait du propriétaire de la cabane où Collins a découvert les pépites d'or. Le narrateur le décrit comme «un vieil original qui faisait un peu de trappage, de chasse et de pêche pour subvenir à ses besoins» dont «[p]ersonne ne savait [le] vrai nom» et qui «n'était connu que sous le sobriquet "le capitaine", à cause de la sempiternelle casquette de marin qu'il arborait et dont il ne se départait jamais» (*VO*, p. 46). Véritable ermite, «[i]l ne venait pas souvent en ville et personne ne l'avait vu depuis quinze ans» (*VO*, p. 46-47). Personne ne s'est jamais inquiété non plus de sa disparition soudaine sans doute parce que «[l]e bonhomme ne s'était jamais promené avec les poches pleines d'or et s'il avait déjà payé des marchandises avec des peaux de castors ou de canards sauvages, jamais il ne l'avait fait avec des pépites. Tous ceux qui l'avaient côtoyé s'accordaient à dire qu'il n'avait rien d'un millionnaire» (*VO*, p. 47). Plus loin dans le roman, les trois prospecteurs découvrent son squelette dans le lit de la rivière Pitopiko, comme si le narrateur, subtilement, laissait présager la disparition prochaine de Collins et Lavoie qui mourront avalés par les flots de la rivière Kenogami.

L'AMÉRINDIEN GEORGE MATTAWASHPI ET LE MÉTIS DE MAMMAMATTAWA

Bien qu'ils soient des personnages secondaires de *La vengeance de l'orignal*, ces deux hommes introduisent la problématique qui sera au cœur du second roman de Doric Germain — *Le trappeur du Kabi* —, celle des relations entre Blancs et Amérindiens et des conflits qui résultent de leurs visions antagonistes du monde.

Les passages qui touchent le Métis et l'Amérindien sont d'ailleurs très intéressants de ce point de vue. George Mattawashpi, le trappeur amérindien, ne fait qu'une seule apparition dans *La vengeance de l'orignal*. Il est entrevu lors des recherches lancées par Sylvio Tremblay afin de retrouver les chasseurs perdus en forêt. Il est alors décrit comme un Indien typique, laconique, qui répond aux questions qu'on lui pose simplement, mais en toute franchise.

Un deuxième personnage appartenant aux Premières Nations fait une brève apparition dans le roman : le vieux Métis, propriétaire du magasin général du poste de Mammamattawa dont Lavoie et Collins font la rencontre lorsqu'ils se dirigent vers Fort Albany. Contrairement à l'Amérindien, le Métis est présenté comme alliant le pire des deux races qui lui donnent naissance, soit «la cupidité des Blancs à la ruse des Indiens». Méfiant, lorsqu'il voit les deux hommes sales et mal habillés entrer dans son magasin, il se réjouit quand il se rend compte qu'ils souhaitent acheter vêtements, essence et provisions. Il ne rate pas l'occasion «de majorer un peu le prix de chaque article» (*VO*, p. 106) obligeant les deux hommes à payer avec des pépites d'or. Fourbe et cupide, le vieux Métis s'oppose donc à George Mattawashpi, cet Amérindien dont les «renseignements [sont] vrais» (*VO*, 31) lorsqu'il affirme aux employés du Ministère qu'il a vu un hélicoptère se diriger vers le lac Pitukupi.

Ainsi, dans *La vengeance de l'orignal*, les Blancs sont en majorité du côté de la cupidité et du mensonge, tandis que les Amérindiens, quoique rusés, sont associés à la droiture d'esprit et à la vérité. Le Métis, pour sa part, a malheureusement hérité des défauts de chacun, Blancs comme Amérindiens, puisque la ruse autochtone devient chez lui fourberie.

THÈMES

La chasse

La chasse est le premier thème abordé dans *La vengeance de l'orignal*, comme en fait foi l'incipit du roman : « Les chasseurs étaient d'humeur joviale. Il avait neigé la veille au soir et une partie de la nuit. Les orignaux seraient faciles à repérer dans toute cette blancheur, et les pistes faciles à suivre. » (*VO*, p. 7) La suite est à l'avenant, comme on s'y attendait de la part d'un auteur dont on sait, grâce à la quatrième de couverture, qu'il est « un grand amateur de chasse et de pêche ». L'épisode de chasse qui suit reflète bien le genre de descriptions que l'on trouve souvent dans *La vengeance de l'orignal*. L'auteur y affiche un savoir en matière de chasse que l'on voit rarement s'exprimer dans les ouvrages littéraires, bien qu'il soit ici inhérent au roman :

Au milieu du bosquet, la bête était aux aguets. Les pattes écartées, la tête haute et le museau pointé vers l'avant, elle ne bougeait pas d'un poil. Elle savait le

danger proche et son instinct lui dictait sa conduite :
son salut dépendait pour le moment de son immobi-
lité la plus complète. Lorsqu'elle se saurait repérée,
son comportement changerait du tout au tout. Ce serait alors une course effrénée où sa seule chance rési-
derait dans sa rapidité. Elle ne craindrait plus alors de
faire du bruit ou de se laisser voir : elle foncerait droit
devant elle à la vitesse d'une locomotive et dans un
fracas de branches brisées. Pour l'instant, elle humait
l'air, l'oreille tendue. Elle avait déjà identifié dans le
vent du nord-ouest l'odeur de l'homme. Elle entendait
aussi, venant de l'est, le bruit des pas et le frottement
des branches que, malgré sa prudence, [Lavoie] ne
pouvait manquer de faire. Elle avait arrêté son choix.
Lorsque le moment serait venu, elle partirait à toute
allure vers le sud-ouest. Ce qu'elle ne savait pas, et
ne pouvait savoir à cause du vent, c'est qu'au sud du
bosquet, James Collins, armé d'une Winchester .308 à
levier, l'attendait de pied ferme. (*VO*, p. 11-12)

Mais il ne faut pas croire que seuls les amateurs
de chasse s'intéresseront à cet aspect du roman. Dans
La vengeance de l'orignal, la chasse revêt une dimension éthique et philosophique qui ramène le lecteur
à la question des relations entre l'homme et la Nature, comme en atteste la vision de la chasse chez le
personnage de Sylvio Tremblay : «Pour lui, la chasse
permettait à l'homme de se mesurer à la Nature et
d'apprendre à la connaître. Mais pour que cette lutte
ait un sens, il fallait que le gibier ait une chance de
s'en tirer et que le chasseur ne puisse triompher de
lui que par sa sagacité et sa persévérance.» (*VO*, p. 17)

Malheureusement, tous les personnages de
La vengeance de l'orignal n'ont pas compris cette vérité

essentielle longuement méditée par le garde-chasse Sylvio Tremblay. C'est particulièrement le cas des trois chasseurs qui, au début du roman, n'hésitent pas à chasser l'orignal en hélicoptère, transformant l'activité sportive en un pistage illégal qui ne laisse aucune possibilité à l'animal d'échapper aux hommes. Le titre du livre s'inscrit aussi dans cette axiologie puisque l'orignal indignement abattu sera appelé à se venger des hommes qui l'ont à toute fin pratique assassiné. Daggett, Colins et Lavoie paieront de leur vie cette transgression, alors que Sylvio Tremblay, qui pratique la chasse de façon éthique, se verra récompensé puisqu'il mettra la main, à la fin du roman, sur l'or trouvé par les trois autres hommes.

La Loi

Ainsi, le thème de la chasse dans *La vengeance de l'orignal* est intimement lié à celui de la Loi. Il y a d'un côté les personnages qui, comme Sylvio Tremblay, affichent le « respect des lois » (*VO*, p. 17) et ne « devanc[ent] jamais la saison prescrite » (*VO*, p. 17) lorsqu'ils chassent. De l'autre, les braconniers qui violent les lois par vanité ou par cupidité, tel Donald Ferris, le propriétaire de la Carey Lake Outfitters Company, un homme « capable de transgresser toutes les lois pourvu que cela rapporte » (*VO*, p. 40), ou encore Collins et Daggett, qui outrepassent les lois dans le seul but d'épater leurs amis en rapportant un trophée de chasse :

> Bien sûr, la chasse en hélicoptère n'est pas tout à fait légale, même pas du tout légale, mais pour rentrer à Boston ou à Détroit avec un énorme panache à faire frémir ces dames et verdir d'envie les copains, ils auraient risqué la potence ou la chaise électrique. Après tout, ils ne risquaient que l'amende. (*VO*, p. 8)

Ce qu'ils ne savent pas, c'est qu'ils risquent bien plus que l'amende. Évidemment, ils en seront quittes avec la loi des hommes après avoir payé 5 000 $ d'amende chacun. Mais ils devront encore affronter la loi de la Nature, qui ne réclame rien de moins que leur mort.

La fièvre de l'or

Avec celui de la chasse, le thème de l'or est sans doute le thème le plus important. Le braconnage est venu une première fois illustrer l'agression de la Nature par les hommes. La fièvre de l'or n'en est que le prolongement.

Daggett, Collins et Lavoie en sont atteints, dès le moment où ils ont découvert des pépites d'or dans une cabane située aux abords du lac Pitukupi : « La cabane toute [*sic*] entière sembla vibrer pendant un instant du battement des cœurs et de l'afflux de sang qui montait à la tête des hommes en délire. Tous trois venaient d'être atteints de ce mal incurable que l'on a appelé la fièvre de l'or. » (*VO*, p. 35-36) Ils vivront à compter de ce moment dans l'attente du printemps qui leur permettra d'entreprendre des travaux de prospection sur les berges du lac Pitukupi. Afin de s'y préparer, Daggett et Collins profitent de l'hiver pour lire tous les ouvrages qu'ils peuvent se procurer dans les bibliothèques. Ils souhaitent ardemment « se renseigner sur l'or des ruisseaux, comment on l'extrait et avec quel matériel » (*VO*, 46). Toutes les sources sont bonnes, même les récits d'aventures des chercheurs d'or du Klondyke qu'ils dévoreront. Par la suite, armés de leur nouveau savoir, ils dressent des plans, dessinent des esquisses d'installations de lavage de sable et font des projets pour moderniser la cabane. (*VO*, p. 46)

Les premiers moments passés en forêt le printemps suivant leur laissent peu d'espoir de trouver de l'or. Les trois hommes vivent donc d'abord l'aventure dans un état voisin du calme et de la sérénité, avec gaieté. Plus l'espoir de découvrir de l'or diminue, moins les hommes prennent leur travail au sérieux. « Mais comme c'est souvent le cas, la chance devait leur sourire au moment où ils s'y attendaient le moins. » (*VO*, p. 74) Après que Daggett ait dû les quitter pour aller veiller sa femme mourante, Lavoie et Collins trouvent, en effet, dans le fond de la rivière Pitopiko, quelques pépites qui annoncent un filon. Évidemment, la fièvre de l'or les reprend de plus belle : « La fièvre de l'or était telle qu'on ne pensait même plus à manger. » (*VO*, p. 85) Et comme toute maladie, cette fièvre affecte les deux hommes au physique autant qu'au moral :

> S'ils avaient eu l'aspect d'Indiens quelques semaines auparavant, ils ressemblaient maintenant de plus en plus à des forçats. La barbe leur mangeait le visage, ils

avaient les cheveux longs et sales et leurs vêtements, qu'ils ne prenaient ni le temps de laver, ni de rapiécer, tombaient littéralement en loques. Les chapeaux n'avaient plus de forme ni de couleur et on pouvait voir sortir de longs bras bruns et maigres des manches de chemises à demi arrachées. (*VO*, p. 85)

Obnubilés par leur quête, Lavoie et Collins attendront novembre pour quitter la forêt, alors que le changement de température aurait dû les y inciter bien avant. Ils mourront donc surpris par la tempête, tout comme Daggett, d'ailleurs, revenu en forêt après avoir enterré sa femme.

Outre le destin tragique des trois hommes, c'est le personnage du Métis de Mammamattawa qui illustre encore le mieux les effets produits par l'or sur la conscience humaine. La réaction qu'il a, quand Lavoie et Collins offrent de payer leurs achats en or, en dit long : « Le vieux avait suivi la conversation avec un intérêt croissant. La première mention de l'or avait fait briller de convoitise ses petits yeux bridés. Ils faillirent sortir de leur orbite quand Collins se planta devant lui et lui agita devant le visage deux poignées de pépites d'or. » (*VO*, p. 107) De même, lorsqu'il puise lui-même dans le sac la somme qu'il réclame à Lavoie et à Collins, pour leur vendre son bateau, il présente manifestement les symptômes d'une « fièvre de l'or aiguë » :

Le vieux sortit et s'avança vers le quai suivi de ses deux clients. Il ne put contenir sa joie devant le sac d'or encore ouvert où Collins venait de puiser. Il se délia les doigts de la main droite pendant une minute, faisant craquer les jointures. Puis, il posa sa casquette sur le quai et plongea la main parmi les pépites jusqu'au coude, avec une sorte de volupté. Il savoura un instant la caresse de l'or sur sa peau, puis tourna la paume vers le haut et écarta les doigts d'une fraction de centimètre afin d'augmenter au maximum la superficie de sa main sans pour autant permettre aux pépites de s'échapper. Et alors seulement, avec d'infinies précautions [...], il retira sa main du sac et en déposa le contenu dans sa casquette. (*VO*, p. 109)

Le vieux Métis réunit donc tous les symptômes de la fièvre de l'or : la cupidité, la joie mauvaise qu'elle procure, le calcul, tout en lui contribue à rappeler la fièvre de Lavoie et Collins. Bref, le thème de l'or investit littéralement *La vengeance de l'orignal*.

Mais c'est le message qu'il comporte qui demeure le plus intéressant. Le thème de l'or réitère de façon frappante la loi suivante : il est impossible de violer la Nature sans qu'elle exerce des représailles. Et c'est ce qu'elle fera, dans *La vengeance de l'orignal*, en assassinant littéralement les trois chercheurs d'or. Ainsi, ce que propose le roman est de nature éthique : comment l'être doit-il se comporter avec la nature et avec autrui ? Quelles valeurs doivent prévaloir : le matérialisme et la soif d'argent ou le respect de soi, des autres et de la Nature ?

Paradigme nature/civilisation

Si le thème de la nature occupe une place prépondérante dans *La vengeance de l'orignal*, on ne saurait

l'aborder, cependant, sans son corollaire, la civilisation. Ces deux thèmes forment un paradigme, car ils
se définissent en fonction de leur opposition récipro-
que. En effet, dans *La vengeance de l'orignal*, la Nature
se fait la contrepartie de la ville, qui est considérée
suspecte par plusieurs personnages, comme les habitants de Hearst, par exemple. D'autres protagonistes
se rangent cependant du côté de l'urbanité, comme
l'Américain Collins, qui se fait le champion de ce
mode de vie. L'auteur mentionne par exemple qu'il
regrette les « plages ensoleillées de la Floride » (*VO*,
p. 12) après s'être laissé convaincre de suivre Daggett
dans le Nord de l'Ontario. Il a cependant la chance
de renouer avec la Nature lors de son deuxième séjour au Canada. Il se montre d'ailleurs sensible aux
merveilles de la Nature, lorsqu'il lance à ses compagnons : « Ça vaut bien les rues de Boston et l'odeur
des gaz d'échappement. » (*VO*, p. 51-52) Cependant,
lors d'une expédition à Hearst en compagnie de
Lavoie, on constate qu'il parvient mal à réprimer son
penchant pour la civilisation :

> Parvenus en ville, les deux hommes se précipitèrent
> vers le premier restaurant qu'ils virent, commandè-
> rent du bifteck et des frites que Collins déclara être
> les meilleurs du monde [...]. Ils entrèrent ensuite
> chez Frank le barbier [...]. Ils complétèrent leur toi-
> lette avec l'achat de quelques vêtements de ville et un
> bon bain dans une chambre de motel. Jamais Collins
> n'avait ressenti à ce point comme il est merveilleux
> de se prélasser dans l'eau chaude et mousseuse d'un
> bain. Il se dit bien que, quand il serait riche, il ne re-
> mettrait plus jamais les pieds en forêt. (*VO*, p. 94)

Jusqu'à la fin du récit, Collins demeure d'ailleurs le produit de la civilisation. Ne tente-t-il pas, en effet, de payer le Métis de Mammamattawa en utilisant sa carte de crédit, ce symbole suprême de la vie civilisée (*VO*, p. 106)? Cette opposition entre nature et civilisation revient d'ailleurs dans le troisième roman de Germain, *Le soleil se lève au Nord*.

L'Étranger

Les thèmes de la civilisation et de l'urbanité sont étroitement liés à celui de l'altérité, dans *La vengeance de l'orignal*. Les habitants de Hearst manifestent une méfiance à l'égard des étrangers qui, selon eux, sont la cause de tous les sinistres en forêt :

> — On ne devrait pas laisser les étrangers s'aventurer dans les bois. Ils n'y connaissent rien.

> — Ça fait vingt ans que je chasse par ici. Et chaque fois qu'il y a un feu de forêt, un accident de chasse ou quelqu'un qui se perd dans les bois, je serais prêt à gager qu'il y a un Américain de mêlé à ça. (*VO*, p. 29)

L'étranger, c'est l'ensemble de ceux qui viennent d'ailleurs, mais en particulier les Américains qui participent aux voyages de chasse organisés. L'altérité est liée à l'appartenance à un territoire géographique et non pas à une race ou à une ethnie. Ainsi, l'Autre, l'étranger, ce n'est pas que l'Américain, comme nous l'apprend le narrateur par la suite, c'est tout citadin, quel qu'il soit, qu'il vienne du Sud de l'Ontario ou des États-Unis. Ces étrangers sont perçus comme des personnes inaptes à vivre dans le Nord, incapables de bien comprendre la Nature et ses lois : «Pour ceux que la vague de l'urbanisation, au lieu d'engloutir, a fait refluer vers les contrées inhospitalières du grand Nord, les citadins, les gens du Sud, sont des incapables dès qu'il s'agit de choses sérieuses comme la chasse et la pêche.» (*VO*, p. 29) Cependant, le narrateur n'est pas dupe du rapport de force qui existe en vérité entre le Sud et le Nord. Il signale avec perspicacité que «[c]'est sans doute là une attitude mentale destinée à déguiser le fait que le Sud mène le Nord, le distrait par ses émissions de télévision, l'informe par ses journaux et ses revues et le soumet aux impératifs de sa politique et aux caprices de son économie.» (*VO*, p. 29) Le roman inverse donc le rapport Nord-Sud qui, en politique, désigne l'écart entre les pays du Nord, occidentaux, industrialisés et riches et ceux du Sud, en voie de développement, pauvres et souvent défavorisés sur la scène internationale. Dans le roman de Germain, le Sud, qui désigne à la fois les États-Unis et la région de Toronto, est le lieu de la richesse, de l'industrialisation et des médias qui colonisent culturellement le Nord. La région nordique, pour sa part, reprend les caractéristiques associées d'habitude aux pays du Sud. Ainsi, les thèmes de la civilisation et de l'étranger sont indissociables dans *La vengeance de l'orignal*.

MODALITÉS ET FORMES DU RÉCIT

Structure

La vengeance de l'orignal se compose de trois parties de longueurs à peu près égales qui portent les titres suivants : « La chasse », « À la recherche de l'or » et « La fortune ». Quand on analyse l'intrigue du roman, on constate à quel point les titres choisis par Germain suggèrent les lignes de force du récit.

La première partie, « La chasse », contient le segment du roman qui relate la partie de chasse de Daggett, Collins et Lavoie. Elle renferme donc l'épisode de la poursuite en hélicoptère et de l'accident, celui de la survie en forêt, celui de la découverte des pépites d'or dans la cabane du Lac Pitukupi, puis, ceux du sauvetage des trois braconniers et de leur traduction en justice.

La seconde partie, « À la recherche de l'or », s'ouvre avec le retour au Canada de Daggett et Collins. Ils y rejoignent Lavoie pour réaliser le projet de prospection minière qui a germé dans leur esprit à la suite de la découverte des pépites du lac Pitukupi. Tout ce pan du récit est consacré à l'aventure que vivent les trois hommes jusqu'à la découverte de la première pépite d'or. L'événement suit de près le départ de Daggett, qui doit quitter la forêt pour se rendre au chevet de sa femme mourante.

La dernière partie, « La fortune », relate les événements qui entourent l'extraction de l'or de la rivière Pitopiko. Après y avoir découvert quelques pépites, Collins et Lavoie s'emploient à extraire le plus d'or possible du bassin de la rivière avant de quitter la forêt pour l'hiver. Quand ils prennent le chemin du retour, ils ont trop attendu : ils meurent engloutis par les flots lors d'une tempête. Au même moment, Daggett, qui tente de les rejoindre, meurt dans le même blizzard, après avoir égaré sa boussole.

Ces trois parties sont suivies d'un bref épilogue qui complète le récit. On y apprend que le garde-chasse Sylvio Tremblay, inquiet de ne pas voir rentrer les trois hommes à l'approche de l'hiver, se met à leur recherche. Plus prudent qu'eux, il attend cependant que la tempête s'apaise avant de s'enfoncer dans la forêt. Or, cette fois-ci, il arrive trop tard pour secourir ces insensés prospecteurs et retrouve, au lieu des trois hommes qu'il cherchait, des sacs d'or accrochés à l'épave d'un bateau.

Chacune des trois parties de *La vengeance de l'original* se subdivise aussi en sept chapitres, sauf la première, qui n'en compte que six. Les cinq premiers chapitres font alterner l'action entre les activités des trois chasseurs, en forêt, et celles du garde-chasse Sylvio Tremblay, que l'on retrouve la plupart du temps à Hearst. Le sixième chapitre orchestre la réunion de tous ces personnages au Palais de justice du district de Cochrane.

Les sept chapitres qui composent la seconde partie du récit ménagent un plus grand rôle à la Nature. Il y a bien quelques épisodes de ravitaillement qui nous ramènent à Hearst, comme celui du chapitre cinq, mais l'essentiel de l'action se déroule en forêt. Fait intéressant à noter : à deux reprises, Sylvio Tremblay vient troubler la solitude des trois hommes. Au premier chapitre, le garde-chasse accueille les trois prospecteurs, à la cabane, et en profite pour les avertir qu'il les garde à l'œil. Puis, il revient au dernier chapitre pour remettre un télégraphe à Daggett.

À l'exception d'un voyage fait à Hearst, les cinq premiers chapitres de la dernière partie se déroulent en forêt et décrivent les activités minières de Collins et Lavoie. Les deux derniers chapitres relatent les événements ayant causé la mort des trois prospecteurs.

Quand on recense le contenu des chapitres, il est intéressant de voir qu'en dépit de l'espace consacré à l'aventure des trois prospecteurs, la présence de Sylvio Tremblay demeure prégnante. S'il se fait plus discret sur le plan actantiel, dans la seconde et la troisième partie du roman, son apparition en début et en fin de deuxième partie, de même que dans l'épilogue, permet de souligner le contraste entre sa philosophie et celle des chasseurs. Ainsi, même la structure du roman est imprégnée du paradigme opposant le respect de la Nature à son exploitation éhontée.

Narration

Pour *La vengeance de l'orignal*, Germain a choisi de raconter le récit à la troisième personne, en donnant la parole à un narrateur omniscient, c'est-à-dire un narrateur « qui sait tout ». Un tel choix offre un avantage de taille. Il permet d'explorer le point de vue de plusieurs personnages, ce qui s'avère difficile quand on s'exprime à la première personne. Le plus souvent, quand on procède ainsi, c'est qu'on confie la narration à un seul personnage dont les états d'âme priment ceux des autres protagonistes. Or, dans *La vengeance de l'orignal*, tous les personnages occupent un rôle d'égale importance sur le plan narratif, d'où la pertinence d'une narration omnisciente.

En outre, la narration au « il » permet de se distancier des personnages de Daggett, Collins et Lavoie qui ne sont certainement pas des héros. Adopter une narration à la première personne oblige nécessairement à reproduire la posture et les valeurs du personnage qui raconte. Puisque le roman n'endosse pas les actions des trois hommes, qui sont des antihéros, il était dès lors impossible qu'ils deviennent narrateurs. S'ils l'avaient été, la critique de leurs actions aurait dû être faite implicitement et aurait, du même coup, exigé une capacité d'interprétation plus grande. Or, aucun de ces personnages n'est porté à s'interroger sur ses motivations profondes. Ils ne sont pas non plus du genre à remettre en question les raisons qui les incitent à vouloir trouver de l'or à tout prix. S'ils étaient les narrateurs du récit, leurs agissements seraient nécessairement présentés de façon positive puisqu'ils croient avoir raison d'agir tel qu'ils le font. Puisque le roman s'adresse à de jeunes lecteurs, la narration à la troisième personne permet de formuler de façon plus claire la morale de l'histoire. Certes, Sylvio Tremblay aurait pu raconter l'aventure des trois hommes et soutenir la thèse présentée dans le livre. Le réalisme en aurait toutefois souffert puisque celui-ci n'est pas présent dans la forêt avec les prospecteurs et ne peut donc pas connaître les actions quotidiennes. Ainsi, le jeu d'un narrateur omniscient s'avère le plus judicieux pour ce roman.

Schéma actantiel

Issue du domaine de la sémiotique littéraire, cette grille théorique vise à déterminer les motivations qui poussent les personnages à agir comme ils le font. Le schéma actantiel recouvre six catégories toutes liées à la poursuite d'une quête par un ou des personnages qui veulent obtenir un objet. Outre cet objet et ces personnages-héros, le schéma inclut des adjuvants (ceux qui appuient les personnages dans leur quête) et des opposants (ceux qui leur nuisent), ainsi qu'un destinateur et un destinataire. Le destinataire est celui qui bénéficie du fruit de la quête et le destinateur celui qui la motive et qui l'oriente. Dans les deux cas, il peut s'agir d'un idéal ou d'un système de valeur tout autant que d'un personnage.

Dans *La vengeance de l'orignal*, les protagonistes sont faciles à identifier en raison du statut qu'ils occupent sur le plan actantiel. En lisant le roman de Germain, on voit très tôt à leur omniprésence que Roger Lavoie, James Collins et Phillip Daggett sont les acteurs d'une quête qui vise un double objet : abattre un orignal par tous les moyens, dans un premier temps, puis mettre la main sur de l'or, en prospectant des rivières aux environs de Hearst. Chacune de ces quêtes sera couronnée par l'échec. S'ils réussissent à tuer un orignal, les trois hommes s'écrasent ensuite avec l'hélicoptère qu'ils ont nolisé afin de le repérer. Et s'ils amassent quantité d'or dans les bois, ils y meurent sans avoir tiré profit de ces gains.

Il faut dire que les motifs qui sous-tendent leur quête sont dépourvus de noblesse aux yeux de l'auteur et de plusieurs personnages de *La vengeance de l'orignal*. À chaque fois qu'ils agissent, ces hommes sont poussés par une soif de luxe et de prestige (destinateur) qui vise la satisfaction d'ambitions personnelles (destinataire). Voilà pourquoi l'auteur leur concède bien peu d'adjuvants, qu'il décrit d'ailleurs en des termes toujours négatifs. C'est le cas de Donald Ferris, le propriétaire de l'hélicoptère dont se servent les chasseurs pour traquer l'orignal. Il est présenté comme un opportuniste que les lois et le respect de l'environnement indiffèrent. Même chose pour le Métis du poste de Mammamattawa, cet individu qui cède son bateau à Daggett et Lavoie en échange de pépites. S'il facilite la fuite des deux hommes, c'est par intérêt pécuniaire bien plus que par altruisme.

Quant à leurs opposants, s'ils ne sont pas légion, ils prônent l'ordre et la loi et professent des valeurs beaucoup plus généreuses que les leurs. C'est le cas du garde-chasse Sylvio Tremblay, qui se dresse sur leur route à chaque fois qu'ils violent les lois de la Nature. Outre qu'il comparaît comme témoin au tribunal de Cochrane, lorsque les trois hommes sont accusés de chasse illégale, il les garde à l'œil tout au long de leur ruée vers l'or. Homme de conscience, il quitte cependant son rôle d'opposant si le devoir l'exige. Quand l'hélicoptère de Ferris s'écrase, il vole au secours des trois hommes en dépit de l'illégalité de leur geste. Et lorsqu'il reste sans nouvelle d'eux à l'approche de l'hiver, il part illico à leur recherche. Son sens des valeurs est d'ailleurs récompensé à la fin du roman, car c'est lui qui récolte les sacs d'or après le naufrage de Lavoie et Daggett.

La Nature peut elle-même être vue comme un personnage dans ce roman. Elle tente, dans un premier temps, d'être un adjuvant pour les personnages en leur envoyant maints messages que ceux-ci ignorent ou n'arrivent pas à décrypter correctement. À la fin, elle devient clairement un opposant, multipliant les embûches sur le chemin vers la liberté et la richesse des chercheurs d'or, notamment en soulevant un blizzard qui les mènera à la mort.

La structure actantielle est donc simple : les méchants motivés par l'égoïsme et la cupidité sont clairement identifiés, alors les bons tentent sans succès de les racheter. Aussi, bien que le roman de Germain fasse une large place aux péripéties et aux scènes d'aventures, ce sont cependant les réflexions philosophiques et éthiques de même que le développement de la psychologie des personnages qui lui confèrent sa profondeur.

Nature du roman

Sur le plan du genre, l'identité du roman de Germain semble de prime abord ambivalente. Plusieurs lecteurs l'ont rangé dans la catégorie des romans pour la jeunesse, tout comme ils l'ont fait pour *Le trappeur du Kabi* et *Le soleil se lève au Nord*. Or, parmi ces romans, seul le dernier porte « Récit-Jeunesse » comme sous-titre et lui seul met en scène un « enfant », plus précisément un adolescent. *La vengeance de l'orignal* et *Le trappeur du Kabi* racontent en fait des intrigues reliées au monde des adultes. Si ces récits figurent au panthéon des livres jeunesse, tout comme *Le soleil se lève au Nord*, c'est qu'ils sont destinés à un public jeune[2] et que ce même public les consomme avidement. Ainsi, *La vengeance de l'orignal*, que Germain destinait à ses seuls étudiants, a été diffusée dans tout le réseau des écoles ontariennes francophones, avant de devenir un véritable succès de librairie.

2. Voir l'entrevue avec Doric Germain.

La vengeance de l'orignal relève, par ailleurs, d'autres genres littéraires, comme ces épopées nordiques dont le modèle fut rendu célèbre, au début du XXᵉ siècle, par Jack London. Les thèmes de la nature, des grands espaces nordiques et de la ruée vers l'or rattachent le roman de Germain à toute une génération d'auteurs qui écrivirent, au cours du XXᵉ siècle, des romans d'aventures dans le style de London[3]. L'image de l'Amérindien, que Germain développera dans *Le trappeur du Kabi* et *Le soleil se lève au Nord*, figure aussi parmi les thèmes qui sont chers à London. Il faut toutefois souligner que *La vengeance de l'orignal* est dépourvue de la dimension fantastique qui imprègne les récits de London. S'il met en scène des événements fictifs, Germain donne un cachet de vraisemblance à son récit en adoptant un style réaliste, notamment dans ses descriptions du Nord ontarien[4].

PISTES DE RÉFLEXION

1. Identifiez et analysez les indices qui illustrent la transformation psychologique des trois prospecteurs.

2. Relevez les termes péjoratifs que l'auteur utilise pour désigner les braconniers. En quoi ceux-ci permettent-ils

---

3. L'œuvre de Jack London représente une source d'inspiration pour Germain, de l'aveu de l'auteur lui-même. Voir le dossier plus loin.

4. Il intègre aussi plusieurs éléments du réel à la trame du récit, comme les désignations topographiques : le lac Pitukupi, les rivières Kenogami, Kabinakagami et la ville de Hearst sont tous des lieux réels.

de dégager l'axiologie du roman, c'est-à-dire son système de valeurs?

3. Les chapitres se terminent fréquemment sur des faits étonnants ou des détails intéressants. Relisez les derniers paragraphes des chapitres afin de les identifier. À quoi sert ce procédé?

4. Comment sait-on que le voyage de retour de Collins et de Lavoie s'avérera funeste? Comment l'auteur crée-t-il une atmosphère sinistre dès le début de leur voyage vers le nord?

5. Pourquoi Sylvio Tremblay a-t-il droit au trésor? Qu'en fera-t-il, d'après vous?

6. Reconstituez le schéma actantiel sous forme de tableau.

LE TRAPPEUR
DU KABI

RÉCIT

Le trappeur du Kabi raconte l'aventure rocambolesque
de trois hommes partis chasser l'orignal dans le
Nord de l'Ontario, à l'automne 1984 : il s'agit de Roger
Demers, Denis Lacasse et Donald Rousseau, tous
trois associés dans l'exploitation d'une entreprise de
panneaux de contreplaqués.

L'incipit du roman présente les trois chasseurs sur
la piste d'un orignal. Pour pouvoir l'abattre, ils décident de lui tendre une embuscade : ils postent donc
deux hommes — Lacasse et Rousseau — à l'embou-
chure de la forêt et lancent l'autre — Demers — aux
trousses de la bête. De cette façon, il ne restera plus
qu'à tirer sur la bête lorsque, poursuivie par Demers,
elle passera devant les chasseurs embusqués. Mais
le plan échoue, et c'est Demers qui passe à deux

doigts de recevoir une balle dans la tête pendant que l'orignal prend la fuite. Ébranlés par ce qu'ils croient tous être un accident de chasse, les trois comparses décident de retourner au camp pour y finir la soirée.

Repassant les événements dans sa tête, Demers se met à soupçonner ses amis d'avoir voulu l'assassiner. Ils ont d'ailleurs tous deux d'excellents mobiles. D'abord Lacasse : ce petit homme sans envergure en veut à Demers de posséder tout ce qui lui manque amèrement. Il lui en veut d'être l'actionnaire principal des Contre-plaqués Demers et Cie, une entreprise qu'il a héritée de sa famille et au sein de laquelle il brille par son expertise et son leadership. Il lui en veut aussi d'avoir pris sa femme, Annette Lacasse, pour maîtresse. Quant à Rousseau, il a tant insisté pour que Demers prenne une assurance-vie désignant ses associés comme bénéficiaires, dans l'éventualité de sa mort, qu'il serait bien possible qu'il ait voulu commettre ce meurtre par vénalité. Un autre incident achève d'ailleurs de convaincre Demers que ses amis souhaitent sa mort : lorsqu'il revient d'une promenade, il trouve le cadavre d'un oiseau gisant à côté d'une platée de ragoût qui lui était destinée et qu'il avait refusé de manger par dégoût pour la cuisine de Lacasse.

Dès lors, il ne doute plus qu'on ait voulu l'empoisonner après l'échec de la tentative de meurtre par balle et il n'attend plus qu'un prétexte pour fuir les lieux. Ses collègues le lui fournissent en lui demandant de repérer le gibier en survolant les bois dans l'avion qui les a transportés vers la rivière Kabi. Demers y monte et met le cap sur Hearst. Mais il s'aperçoit bientôt que l'engin a été saboté et qu'il est en panne sèche. Il atterrit donc d'urgence et reprend, à pied, la route du camp de chasse puisqu'il est encore trop loin de Hearst pour envisager s'y rendre par voie de terre. Il est, plus que jamais, convaincu de la culpabilité de ses amis.

À son arrivée, un spectacle macabre l'attend : le cadavre de Lacasse gît aux pieds de Rousseau, qui proteste de son innocence tout en accusant Demers de l'avoir assassiné. Au fil de la conversation, les deux hommes constatent cependant qu'ils ne sont ni l'un ni l'autre responsables de la mort de Lacasse : tous les indices qu'ils réunissent leur indiquent qu'un tueur les poursuit depuis leur arrivée en forêt. Cet homme, c'est George Mattawashpi, un trappeur amérindien en butte contre ces Blancs qu'il accuse de dégrader la nature, en plus d'avoir spolié la nation amérindienne de ses droits et de son identité.

Demers et Rousseau font un plan de campagne pour éviter les balles meurtrières de l'ennemi et survivre jusqu'à l'arrivée des secours. Mais en dépit de toutes leurs précautions, Rousseau meurt sous les balles de Mattawashpi. Submergé par la colère et résolu de venger ses amis, Demers change de tactique : il décide de devancer le tueur en découvrant son repaire. Les deux hommes tombent alors nez à nez et

s'affrontent dans un corps à corps dont Demers ressort inconscient quand les secours arrivent. George
Mattawashpi s'est éclipsé.

Transporté à l'hôpital de Hearst, Demers se remet
de ses blessures. Il y reçoit la visite d'un inspecteur
de police, le sergent McNab, qui demeure incrédule
devant la version des faits de Demers. Il soupçonne
Demers d'être coupable du double meurtre de Lacasse et de Rousseau et décide de le faire mettre en
prison jusqu'à la tenue de son procès.

Entre-temps, le chef de la réserve amérindienne de
Constance Lake, Jos Ashkwia, se présente au poste
de police. Inquiet de la conduite de George, qui menace de le confronter en duel pour obtenir son titre
de chef, il décide de dénoncer ses crimes. Désormais
persuadé que Demers dit la vérité, le sergent McNab
va le voir à la prison tout en lui refusant le droit d'en
sortir avant la fin de l'enquête. Aveuglé par son désir
de vengeance, Demers l'assomme, s'enfuit de la prison et se rend à la réserve de Constance Lake avec
la ferme volonté d'y assassiner George. Le sergent
McNab ne tarde pas à l'y rejoindre. Bien que vexé,
il accepte l'aide de Demers pour retrouver George,
car il a bien conscience d'être novice dans l'art de traquer les criminels en forêt. L'auteur décrit alors une
poursuite pendant laquelle George assassine tous ses
ennemis, sauf Demers qui le tue à son tour et qui met
ainsi fin à la série de meurtres sanglants commis par
le trappeur amérindien.

Mais tout ne s'arrête pas là. L'aventure a littéralement transformé Demers. Quand on le retrouve à la fin du roman, sur une plage du Mexique, en compagnie d'Annette Lacasse, il n'est plus le même homme. En repensant à George Mattawashpi, il admire la témérité de son «ennemi juré», de même que son acharnement à défendre son peuple. Le récit s'achève sur cette note positive : le personnage principal a réussi à surmonter les épreuves et à devenir un homme meilleur.

ESPACE, TEMPS ET PERSONNAGES

Espace

L'intrigue du *Trappeur du Kabi* nous transporte en plusieurs endroits du Nord de l'Ontario. Une première partie de l'action se déroule dans la forêt, près de la rivière Kabinakagami. Réunis pour une partie de chasse, Demers, Lacasse et Rousseau mettent le cap sur ce secteur de la forêt, qui abrite le chalet d'un ami de Demers entièrement construit avec des matériaux trouvés sur place :

> Ses fondations étaient d'énormes billes d'épinette reposant sur des cages de cèdre. Les murs étaient également en épinette [...]. Les châssis de fenêtres, les cadres de portes et les linteaux avaient été faits sur place [...]. Le toit était recouvert de bardeaux de cèdre fendus à la hache. L'ameublement, les chaises, les bancs, la table, les lits, avaient été faits à la main. Seul le poêle avait dû être apporté de la ville. (*TK*, p. 45)

La nature a fourni aux hommes tout ce qui était nécessaire à leur installation. Il n'en demeure pas moins
qu'elle se fait cependant peu clémente pour les trois
chasseurs : alors que Demers vient bien près de perdre la vie dans le bosquet où se cache l'orignal que
poursuivent les trois hommes, au début du roman.
Lacasse et Rousseau, eux, mourront assassinés par
Mattawashpi. En effet, si la forêt s'avère inhospitalière, c'est bien parce qu'elle abrite le trappeur du
Kabi, cet Amérindien qui en fait l'autel de sacrifices
humains destinés à expier les crimes des Blancs.

Mattawashpi a d'ailleurs une fascination particulière pour le camp où habitent Demers, Lacasse
et Rousseau, puisqu'il y voit un symbole suprême
de l'invasion des Blancs «sur "son" territoire» (*TK*,
p. 91). Ce qui le gêne n'est pas tant la présence du chalet que «le va-et-vient d'avions à certaines époques
de l'année, va-et-vient qu'il imaginait, souvent à tort,
lié à la présence de ce camp» (*TK*, p. 91). Mattawashpi
ne peut tolérer que les Blancs aient accès au territoire
qu'il considère le sien et celui de ses frères amérindiens. Il en vient même, à force de haine, à vouloir
«y mettre le feu. Après, il aurait peut-être la paix.»
(*TK*, p. 91). Quand le roman commence, Mattawashpi
se contente «d'harceler les intrus, de défoncer les
canots, de vider par terre le contenu des bidons d'essence et d'aller cacher dans le bois les cannes à pêche
et les carabines.» Ses manœuvres fonctionnent bien
puisque les gens notent qu'«il se passe des choses

étranges du côté du Kabi » et commencent à éviter
« systématiquement ce coin-là » (*TK*, p. 91)

Le refuge de Mattawashpi contraste fortement
avec ce camp de chasse qu'il abhorre. Le trappeur
amérindien cherche à reproduire une tente tradition-
nelle, « conique, faite de peaux cousues tendues sur
des perches, avec une large ouverture à son faîte pour
évacuer la fumée » (*TK*, p. 125), sans fenêtre, avec une
ouverture basse comme porte sur laquelle se rabattait
une peau de castor. Comme dans les habitations amérindiennes d'avant la venue de l'homme blanc, « [l]e
feu occupait le centre de l'abri, bien délimité par un
enclos de grosses pierres. Celles-ci servaient à la fois
à contenir le feu et à emmagasiner la chaleur. Pour
tout meuble, une grosse bûche qui servait de siège
et une pile de peaux de renards et de lynx parmi lesquelles on pouvait se glisser et dormir. » (*TK*, p. 125-
126) Mattawashpi, dans son désir de donner un
cachet authentique à son logis, va jusqu'à accrocher,
face à l'entrée « un masque grimaçant dont il eût été
difficile de dire ce qu'il représentait. » (*TK*, p. 126)

Toute une symbolique ressort de cette opposition
entre le camp de chasse des hommes blancs et la cabane de l'Amérindien. Hérité de ses ancêtres, le mode
de vie primitif de George Mattawashpi lui permet
d'afficher son mépris pour tout ce qui s'approche
de la civilisation, symbolisée par le camp de chasse
de Demers. Ce paradigme nature/civilisation, qui
régit les rapports entre l'espace des Blancs et celui

des Amérindiens, caractérise d'ailleurs presque tous les lieux dans *Le trappeur du Kabi*. L'exemple le plus frappant en demeure sans doute la description de la réserve amérindienne de Constance Lake :

> Des deux côtés du chemin qui serpentait sur la rive du lac, de petites maisons délabrées étaient disséminées ça [*sic*] et là, comme au hasard. C'étaient les habitations que le gouvernement avait fait construire à l'usage des Indiens et que ceux-ci n'habitaient pas, leur préférant la tente, plus conforme à leur esprit nomade. (*TK*, p. 164)

Ainsi, certains lieux demeurent soustraits à la loi des Blancs, quoi qu'en disent les lois officielles. S'il y a des endroits comme Hearst, où prévalent leurs lois, il en existe d'autres où la loi ancestrale des Amérindiens continue à s'imposer. Et George Mattawashpi voudrait bien que ce soit le cas de cette forêt qu'il considère être «son» territoire. (*TK*, p. 90)

L'espace est donc au cœur du conflit entre Mattawashpi et les Blancs. Le trappeur en veut à ceux qu'il considère des envahisseurs, des «voleurs» de pays et il est prêt à prendre tous les moyens nécessaires pour les faire quitter son territoire. Or, vouloir évincer les Blancs et reprendre possession du pays, c'est aussi vouloir remonter le temps.

Temps

Plusieurs référents temporels permettent de situer l'époque à laquelle se déroule l'action du *Trappeur du*

Kabi. Dès l'incipit du roman, le lecteur apprend qu'on
est en automne grâce à cette description de Germain :

> C'était une journée typique de l'automne nord-
> ontarien : un soleil pâle qui ne parvenait pas à
> réchauffer le fond de l'air, des arbres décharnés
> se détachant sur un ciel bleu tirant sur le gris, des
> herbes sèches, de longues quenouilles fanées sur un
> sol boueux et, partout, la pénétrante odeur des fruits
> trop mûrs, de feuilles en décomposition et de terre
> humide. (*TK*, p. 7)

Ce n'est que beaucoup plus loin, par contre, qu'on
obtient plus de précisions sur l'époque à laquelle se
déroule l'histoire. Quand Demers se trouve à l'hôpital, l'infirmière qui le soigne lui résume l'actualité :

> À part ça, quelle nouvelle? Les Canadiens ont gagné
> hier contre Philadelphie. Quatre à zéro. Lafleur a eu
> un tour du chapeau, mais il est sorti sur une civière à
> la fin de la troisième. [...] Aux nouvelles on donnait ce
> matin Reagan en avance sur Carter dans les élections.
> Mais moi, les sondages, j'ai pas grand confiance à ça.
> (*TK*, p. 140)

À défaut d'être au fait des détails que lui livre l'infirmière, le lecteur n'a qu'à se renseigner un tant soit
peu pour savoir que l'histoire nous ramène en 1980.
Plus loin, le narrateur le précise dans l'épilogue au
moment où Demers se prélasse sur une plage ensoleillée du Mexique : « Acapulco, le 5 mars 1981. »
(*TK*, p. 208) Puis, on apprend qu'il ne s'est pas encore
écoulé une année entre cette date et les meurtres de
Rousseau et Lacasse, grâce au journal que lit Demers :

Il était au Mexique depuis deux semaines et il avait eu envie d'avoir des nouvelles du pays. Il avait donc acheté l'édition de la *Presse* la plus récente qu'il avait pu trouver. [...] [En] deuxième page, un titre lui sauta aux yeux :

L'Association des Indiens se dissocie des actes de terrorisme.

[Québec, A.P.C.] Un porte-parole de l'Association des Indiens et Métis du Canada, M. Brian Melville, a affirmé au cours d'une conférence de presse tenue ce matin que son association désapprouvait totalement les actes de terrorisme commis l'automne dernier dans le Nord de l'Ontario. (*TK*, p. 209-210)

Ces détails peuvent sembler anodins, quand on traite d'un roman qui ne se présente pas comme un « roman historique ». Ils deviennent cependant intéressants, si l'on considère que tous les repères chronologiques du *Trappeur du Kabi* — excepté les saisons — sont liés à l'univers des Blancs.

Chez les Amérindiens, l'inscription dans la durée se calcule plutôt en terme de saisons et observe le rythme de la nature. Témoins, les habitudes alimentaires de Mattawashpi :

Tout l'été, l'Indien n'avait mangé que du poisson, du lièvre, de la perdrix, du castor, des fruits sauvages et des racines comestibles. [...] Mais en cette fin d'octobre, le goût de la viande d'orignal lui revenait. Il pouvait la conserver pendant quelques semaines. Après, le gel s'en chargerait pour lui. Il était donc temps de se mettre à la chasse à l'orignal. (*TK*, p. 91-92)

En fait, dans *Le trappeur du Kabi*, le temps se signale par sa valeur symbolique bien plus que par sa valeur référentielle, pour les Amérindiens en tous cas. Il s'agit toujours d'un temps mythique, comme celui, par exemple, où les Blancs n'avaient pas encore foulé le sol de l'Amérique. Seuls les récits des ancêtres savent ressusciter cet âge d'or que Mattawashpi regrette amèrement :

> Autrefois, son père et son grand-père le lui avaient raconté bien des fois, autrefois, c'était différent. Les Cris formaient une nation fière et indépendante. Ils régnaient en maîtres absolus sur le territoire compris entre la Baie d'Hudson et la ligne de partage des eaux au Sud, depuis le lac Winnipeg à l'Ouest jusque dans la région du lac Mistassini. [...] De toutes les peuplades qui habitaient les régions boisées de l'est du Canada, ils étaient les meilleurs chasseurs et les meilleurs trappeurs. [...] Cet état, que le recul du temps parait aux yeux de George d'un halo d'idéalité, cet état semblait devoir toujours durer. (*TK*, p. 83-85)

À cet âge d'or succède cependant l'invasion du territoire amérindien par les Blancs :

> Mais l'homme blanc était venu. Il n'avait pas l'air dangereux, au début, avec son teint malade, et son ignorance totale des choses de la nature. Selon leur habitude, les Cris l'avaient bien accueilli, l'avaient hébergé et nourri. Il avait fait cadeau de toute une panoplie d'objets bizarres, de fusils, de couteaux, de haches de métal, de chaudrons et de multiples babioles dont les Cris n'avaient nul besoin. [...] Ils s'étaient laissés prendre au jeu. (*TK*, p. 85)

Et on connaît le reste de l'histoire. Les Blancs ont
envahi parcelle par parcelle le territoire des Amérindiens, jusqu'aux jours où ces derniers « furent
parqués dans de petites réserves, sans but et sans
espoir. » (*TK*, p. 88) L'affrontement entre Blancs et
Amérindiens représente le thème central du *Trappeur
du Kabi*. On trouve des traces de ce conflit jusque dans
la dimension temporelle du roman.

Personnages

Le trappeur du Kabi, comme *La vengeance de l'orignal*, est
un roman où abondent les protagonistes masculins.
Ceux-ci sont à nouveau répartis en deux camps : les
chasseurs, Roger Demers et ses amis Denis Lacasse
et Donald Rousseau d'un côté, et de l'autre, l'Amérindien, George Mattawashpi. Une seule femme est présente dans ce roman : Annette Lacasse, la femme de
Denis Lacasse et la maîtresse de Roger Demers. Les
personnages secondaires, Jos Ashkwia et les deux
policiers, le sergent McNab et l'agent Sabourin, inter-
viennent, pour leur part, afin de dénouer la guerre
qui règne entre Mattawashpi et Demers.

ROGER DEMERS

La description du personnage de Roger Demers
s'avère plus complexe que celle des autres personnages, car elle exige qu'on tienne compte des
changements que subit sa personnalité à l'issue de
son aventure en forêt. En effet, il n'est plus le même

homme entre le moment où Germain le présente et la fin du roman.

Roger Demers est l'un des trois propriétaires de l'usine de Contre-plaqués Demers et Cie. Il est cependant l'actionnaire principal de cette entreprise qu'il a héritée de sa famille :

> Les Contre-plaqués Demers s'appelaient autrefois Les Bois de construction Demers et fils et ils constituaient une entreprise de famille. Le grand-père de Roger Demers avait commencé par construire une petite scierie artisanale actionnée à la vapeur. Ses fils l'avaient modernisée, convertie au diesel, puis à l'électricité. Ensuite, ils avaient monté une fabrique de contre-plaqués [sic] à laquelle était venue s'ajouter une manufacture de panneaux agglomérés. Au fil des ans l'entreprise avait prospéré et grandi. Après la mort de ses oncles et de son père, Roger Demers, devenu l'unique propriétaire de l'affaire, avait vendu la scierie à un concurrent et avait formé une nouvelle compagnie avec Lacasse et Rousseau pour exploiter l'usine de contre-plaqués [sic]. Il avait pris bien soin de conserver la majorité des actions et le contrôle de la compagnie à laquelle il avait imposé le nom des Contre-plaqués Demers et Cie, au grand désespoir de Lacasse, qui avait toujours rêvé de voir son nom s'étaler en larges caractères sur les affiches, les bâtiments, les camions et l'en-tête des lettres. (*TK*, p. 20)

Demers est donc une forte tête, quelqu'un qui ne s'en laisse pas imposer par les autres. À l'occasion d'une célébration de la Fête du Travail organisée par Les Contre-plaqués Demers et Cie, l'auteur le décrit comme un homme fier, qui soigne toujours son image, surtout auprès des femmes envers lesquelles « il avait la réputation d'être très galant [...] peut-être un peu trop, aux yeux de certains» (*TK*, p. 15-16). D'ailleurs, il compte même Annette Lacasse, la femme de son associé, sur la liste de ses conquêtes. En fait, Roger Demers ne manque jamais une occasion de briller, même s'il doit pour cela blesser son entourage. Outre le fait qu'il entretient une aventure avec Annette Lacasse, il ne cesse de se servir de Lacasse comme faire-valoir. La scène dans laquelle il empiète sur les responsabilités de son associé, en faisant jouer ses relations pour régler un problème d'approvisionnement à l'usine en témoigne :

> [Lacasse] était blême de rage. L'approvisionnement de l'usine en matières premières, c'était son domaine. Mais depuis quatre ans que durait l'association, c'était la troisième fois que Demers, qui en théorie ne s'occupait que de l'usine, venait avec un coup de maître lui régler un problème en apparence insoluble. Et toujours de la même façon : en profitant de ses innombrables relations, surtout celles qu'il entretenait soigneusement avec le parti politique au pouvoir. Il ne se gênait pas pour faire sentir à Lacasse qu'il était un nouveau riche et un incapable. (*TK*, p. 18)

Quelle que soit la situation dans laquelle on l'observe, Roger Demers se présente toujours comme un meneur. Il ne lâche pas ce rôle d'une semelle, même lorsqu'il quitte la ville avec ses associés pour l'expédition de chasse. Repérant une piste fraîche, celle d'un orignal, il prend «la direction des opérations sans demander aux autres leur avis : c'était lui qui avait trouvé la piste, c'était son expédition ; d'ailleurs, il connaissait mieux la forêt que ses compagnons et, surtout, il avait l'habitude de commander. » (*TK*, p. 10)

Les événements qui surviendront pendant cette partie de chasse le changeront cependant à jamais. Certes, après avoir été effleuré par le tir de Rousseau, il accable ce dernier de reproches, comme on s'y attendait, et le soupçonne à tel point d'avoir voulu le tuer qu'il fuit les lieux aussitôt qu'il en a l'occasion. Or, la conduite qu'il adopte par la suite relève d'une autre dynamique. Quand son avion s'écrase dans un marécage, il fait preuve d'une sagesse qu'on ne lui connaissait pas :

> Les incidents des derniers jours l'avaient rendu philosophe. Là où il y a quelques jours encore il eut maudit son sort devant pareille malchance, il serrait maintenant les dents et continuait sa route. Il commençait à entrevoir l'immense capacité qu'a l'homme de se transformer pour faire face aux circonstances nouvelles. (*TK*, p. 68)

Et ce changement ne fait qu'augurer les transformations radicales qui suivront. Après son retour au camp de chasse, que suit de près la mort de Rousseau, Demers se livre à un examen de conscience qui le révèle sous un tout autre jour :

> D'abord Lacasse et maintenant Rousseau ! Et c'était sa faute, entièrement sa faute. Il avait soupçonné de bons copains, des associés, des amis, des frères et les avait abandonnés. [...] Lui seul restait et pour combien de temps encore ? Lui, le plus coupable des trois, lui qui avait couché avec la femme d'un ami, lui qui s'était cru capable de tenir tête à un criminel envers et

> contre tout bon sens, lui qui avait cru à la culpabilité
> des autres, alors qu'il était, lui, le vrai coupable, le seul
> coupable. Il revoyait Lacasse et sa timidité, Rousseau
> et sa bonhomie cachée sous un air bourru.
>
> Il les vengerait. C'était tout ce qu'il lui restait à faire.
> Il réparerait ses erreurs, dût-il passer le reste de ses
> jours en prison. (*TK*, p. 116-117)

Ce changement de cap se signale aussi par une transformation physique, qui surprend Demers lui-même,
lorsqu'il s'entrevoit dans une glace, au moment de
lancer l'assaut contre son ennemi : «Il avait les traits
tirés, les yeux cernés, la barbe longue et les cheveux
en désordre. L'air d'un vrai clochard quoi.» (*TK*,
p. 121). Jusqu'à la fin du roman, Roger Demers ne
cesse d'évoluer vers plus d'humanisme. Jeté en prison et soupçonné du meurtre de ses associés, il refuse
de plaider la légitime défense, comme le lui conseille
son avocat, au risque de passer le reste de ses jours
en prison. Il n'a qu'une idée en tête : venger ses amis.
Et quand il parvient à le faire, étant convaincu que
c'est là la meilleure solution, il ne peut s'empêcher
d'éprouver une certaine sympathie pour George
Mattawashpi, ce courageux guerrier dont la seule
erreur était «d'être né trop tard et d'avoir essayé de
réparer l'irréparable.» (*TK*, p. 212)

DENIS LACASSE

Actionnaire et associé dans la compagnie Les Contre-
plaqués Demers et Cie, Denis Lacasse représente l'an-
tithèse de Roger Demers : «Petit, myope et gringalet,

il faisait un contraste frappant avec Roger Demers. Son ton de voix aiguë était agaçant et il avait la détestable manie de gesticuler continuellement quand il parlait, de sorte qu'il avait toujours l'air d'être en colère contre son interlocuteur. » (*TK*, p. 17) Son manque de charisme va si loin, qu'il échoue même à séduire sa femme, ce à quoi parvient très aisément Demers. De là sa haine mêlée d'admiration pour Demers, auquel il envie sa réussite sociale et son succès auprès des femmes :

> Au fond de lui-même, et sans qu'il se l'avouât, Lacasse voyait Demers comme un héros à imiter, une idole, presque un dieu qui n'avait qu'à lever le petit doigt pour se faire obéir ou qu'une femme accoure à lui. Mais, comble de malheur, ce modèle pour lequel il aurait donné n'importe quoi afin d'en devenir le confident et l'ami, était son tortionnaire et depuis peu son rival. Et paradoxalement, il aurait donné n'importe quoi pour le voir anéanti, déchu, brisé. (*TK*, p 30)

S'il se cristallise dans sa haine pour Demers, le sentiment d'échec de Denis Lacasse s'étend cependant à son existence tout entière. En témoigne cet épisode du roman dans lequel il sabote délibérément le piège d'un trappeur qui lui est inconnu :

> [Demers] enjamba le piège et fit les quelques pas qui le séparaient de la rive. [Rousseau] le suivit, mais [Lacasse] fixait toujours le piège, comme fasciné. Il allongea le bras. Ses deux compagnons ne le virent pas, un sourire de joie mauvaise sur les lèvres, planter dans le piège une branche de tremble à demi rongée par les castors. Un déclic. Denis Lacasse n'aimait pas le succès des autres. (*TK*, p. 9)

Sa rancœur ne lui dicte cependant aucun geste grave, lui que ses associés «imagine[nt] mal assassinant quelqu'un d'un coup de carabine» alors qu'il «a peur de son ombre». (*TK*, p. 62) Il n'a pas en effet la force de caractère de Demers, ni même celle de Rousseau, comme le montre sa réaction lors de la fuite de Demers en avion : «Lacasse, complètement découragé, ne pensait même plus aux petites besognes usuelles de la vie en forêt comme faire la cuisine ou chauffer le poêle. Il restait prostré, les yeux perdus dans le vide, la bouche entrouverte» (*TK*, p. 52-53). La lâcheté de Lacasse face à l'adversité ne fait donc qu'illustrer une fois de plus cette faiblesse de caractère qui lui fera envier Demers toute sa vie.

DONALD ROUSSEAU

Lui aussi actionnaire et associé dans la compagnie Les Contre-plaqués Demers et Cie, Donald Rousseau semble entretenir des rapports relativement harmonieux avec Roger Demers et Denis Lacasse.

Certes, il a l'air un peu rustre, quand on le voit interagir avec ses associés le soir de la Fête du Travail alors qu'il est question de la pénurie de bois à laquelle la compagnie faisait face : «Rousseau était gras et posé. Il grommela d'un ton bourru en haussant les épaules et sans même prendre le temps d'enlever la pipe de sa bouche pour parler» (*TK*, p. 17). Mais il ne s'agit là que d'une impression, car c'est lui, avec son humble sagesse, qui tient le milieu entre l'arrogance de Demers et l'insécurité de Lacasse, ce dont témoignent ses agissements lorsque Demers s'enfuit en avion :

> À Rousseau, [...] l'adversité semblait donner des ailes. Il voyait à tout, entretenait le feu, cuisinait, allait chercher de l'eau, commençait à préparer des collets à lièvres et à vérifier ses agrès à pêche. Il faisait des plans tout en surveillant [Lacasse] avec un mépris mêlé d'un peu d'indulgence. [...] Il ne s'inquiétait pas outre mesure. Pour lui, la situation était loin d'être désespérée. (*TK*, p. 53)

Tout semble confirmer la sagesse de Rousseau, jusqu'à son insistance pour que ses associés souscrivent tous à une assurance-vie (*TK*, p. 20). Loin de chercher noise à Demers, Rousseau tente en fait de prévenir les difficultés : «S'il t'arrivait quelque chose, nous risquerions de nous retrouver copropriétaires de l'usine avec l'État comme associé», rappelle-t-il à Demers. (*TK*, p. 21) Tous ne lui attribueront cependant pas d'aussi bonnes intentions, à commencer par Roger Demers, qui le soupçonnera bien vite d'avoir voulu l'assassiner pour toucher le montant de cette assurance-vie.

ANNETTE LACASSE

Bien qu'elle apparaisse seulement à deux reprises dans *Le trappeur du Kabi*, Annette Lacasse y joue un rôle capital. Le narrateur la décrit en ces termes :

> Grande, mince et brune, elle ne pouvait souffrir de n'être pas le centre d'attraction. Elle n'aurait pas

songé non plus à se mêler à la plèbe des travailleurs. Belle, elle l'était, certes, mais terriblement hautaine et surtout terriblement gâtée. Auprès d'elle, son mari avait l'air d'un de ces petits caniches dociles qu'une ravissante créature en manteau de vison mène au bout d'une laisse et auquel elle permet parfois, comble d'indulgence, de lever la patte auprès d'une borne fontaine. (*TK*, p. 21)

Snobe et narcissique, Annette Lacasse en impose évidemment à son timide époux, Denis Lacasse, avec qui elle s'est mariée par intérêt et non par amour. Tous les efforts de Lacasse pour la séduire ne mènent d'ailleurs à rien et sont déclassés par la galanterie de Demers, qui rajoute Annette à la liste de ses conquêtes, le soir de la Fête du Travail :

Ce n'était un secret pour personne qu'[Annette] avait épousé Denis Lacasse pour son argent et sa position sociale. Celui-ci était irrémédiablement jaloux. Il faut dire qu'il avait de quoi l'être, car elle flirtait ouvertement avec tous les mâles libres que le hasard mettait sur son chemin — et même bien souvent avec ceux qui ne l'étaient pas. Il avait tenté par tous les moyens de reconquérir sa femme, mais il semblait que, quoi qu'il fasse, il ne réussissait toujours qu'à se couvrir de ridicule à ses yeux. (*TK*, p. 22)

Le triangle amoureux qui se dessine alors entre Demers, Lacasse et sa femme détermine la suite de l'intrigue. Si Roger Demers peut raisonnablement soupçonner Lacasse d'avoir voulu l'assassiner, c'est qu'il sait lui en avoir fourni le motif en ayant entretenu une liaison avec Annette. Outre sa valeur sur le plan actantiel, c'est sur le plan symbolique que la présence d'Annette s'avère capitale : Annette, c'est le trophée que se disputent deux mâles en quête de virilité. Évidemment, Demers l'emporte sur Lacasse, puisqu'on le retrouve, à la fin du roman, à Acapulco en compagnie d'Annette Lacasse.

GEORGE MATTAWASHPI

George Mattawashpi est l'un des principaux person-nages du *Trappeur du Kabi*, si ce n'est le principal. C'est d'ailleurs lui qui inspire le titre du roman. Son rôle dans l'intrigue s'avère déterminant : il tire sur Demers dans le premier chapitre, il empoisonne le ragoût des chasseurs, il perce le réservoir d'essence de l'avion, enfin, il assassine Lacasse et Rousseau. S'il s'acharne ainsi contre les trois chasseurs, c'est pour exprimer sa haine des Blancs, qui date de son enfance. Dans ce passage qui mérite d'être cité *in extenso*, le chef de la réserve amérindienne où George a grandi résume sa vie avec force et détails :

> George Mattawashpi avait été un enfant ordinaire, plutôt renfermé et souvent maussade. Pourtant, en dépit de son caractère peu sociable, il avait toujours débordé d'enthousiasme pour les contes et les lé-gendes d'autrefois. Sa mère était morte peu après sa naissance et il avait été élevé par son père et son grand-père, des hommes durs et hautains qui avaient essayé de le former à leur image. Sous leur férule, il avait appris à chasser, à pêcher, à construire des abris, des raquettes, des canots. Habile de ses mains et doué d'une intelligence assez vive, il avait appris très vite ce que d'autres n'arrivent jamais à assimiler. À l'école,

il avait été un excellent élève jusqu'à ce qu'il prenne l'école en grippe.

George avait quatorze ans quand son père mourut, le laissant seul au monde. D'enfant prodige qu'il avait été jusque-là, il était devenu un vaurien. Il s'était fait tout à tour trappeur, puis bûcheron, puis guide pour les touristes. Jamais il ne gardait un emploi bien long-temps. Il buvait trop, faisait des colères et cherchait querelle à tout propos. Dans la tribu, on disait qu'il avait mauvais caractère. Mais Jos Ashkwia voyait plu-tôt en lui un désaxé, un révolté, qui jouait au voyou. Il était brutal et tous le craignaient. Plus d'un portait la marque de son poing ou de son couteau.

Mais par-dessus tout, il haïssait les Blancs. Il s'était rendu coupable à leur égard de plusieurs larcins et actes de vandalisme, mais il était assez rusé pour ne pas se faire prendre. Il ne manquait jamais une occa-sion de les railler. Une fois, il avait fait tirer un touriste sur un arrachis en lui faisant croire que c'était un ori-gnal, exprès pour rire de lui. C'avait été son dernier client. Un bon jour, il était disparu. Personne ne s'en était beaucoup inquiété. Bon débarras!

Mais il venait de reparaître, maigre, ascétique même, avec un regard étrange et des propos de visionnaire. Autrefois on le craignait. Maintenant, il inspirait une terreur presque religieuse. Personne n'osait lui tenir tête. On se souvenait trop de ses nerfs d'acier et de la précision de son tir, on baissait les yeux sous son regard, pénétrant comme celui d'un oiseau de proie, et on courbait l'échine sous le flot de ses paroles cin-glantes. (*TK*, p. 190-191)

Vif et intelligent, privé cependant dès son adoles-cence des solides remparts que donne l'éducation familiale, George Mattawashpi s'est donc engagé sur la voie de la rébellion jusqu'à souhaiter la révolte du peuple amérindien contre les Blancs. S'il les abhorre ainsi, c'est qu'il les juge responsables de la décadence des Amérindiens :

> George Mattawashpi n'avait jamais aimé les Blancs. Il les haïssait tellement qu'il ne pouvait endurer ceux de sa race qui les côtoyaient. Leur servilité devant l'envahisseur lui donnait la nausée. Car pour lui, le Blanc, c'était le conquérant sans pitié, l'usurpateur, le voleur. Il n'avait pas conquis par les armes, mais par la traîtrise. L'Indien trop confiant avait laissé son pays lui échapper peu à peu, rogné de tous les côtés par l'exploiteur sans scrupules, transformé au point qu'il n'était plus reconnaissable. (*TK*, p. 83)

Avant de reparaître à la réserve du lac Constance, pour y embrigader ses compatriotes, George investit la forêt en solitaire et tente d'y vivre selon les valeurs ancestrales des Amérindiens. Il y est cependant confronté à la présence des Blancs, qui sont loin de respecter son système de valeurs. C'est le cas, par exemple, de Denis Lacasse, qui n'hésite pas à saboter le piège à castors qu'avait installé George. Évidemment, la réaction ne se fait pas attendre. Le trappeur décide de se venger en empoisonnant Lacasse et ses deux amis. Son attitude, à cette occasion, est d'ailleurs fort révélatrice de sa philosophie :

> Son dieu, c'était la nature que les Blancs ne respectaient pas. Sa religion, c'était de vivre en harmonie avec elle et en paix avec les esprits de ses ancêtres. Dans sa nouvelle hiérarchie des valeurs, la vie humaine — la sienne incluse — valait infiniment moins que le respect de l'ordre millénaire des choses sur lequel il avait basé toute sa morale. Quiconque

entravait l'ordre naturel méritait le pire châtiment. (*TK*, p. 99)

Fort de la conviction d'agir conformément aux vœux de ses ancêtres et des esprits qui les représentent, George lance littéralement un plan de campagne contre les Blancs. Il en planifie toutes les étapes de ce que le narrateur nomme «sa mission». Dans sa folie, il s'imagine que «[l]es autres viendraient lui prêter main-forte. Les Indiens, en retrouvant l'usage exclusif de la forêt, retrouveraient la liberté. Ils redeviendraient eux-mêmes, fiers chasseurs et guerriers sans peur.» (*TK*, p. 126-127) Il faut cependant spécifier que les instincts sanguinaires de Mattawashpi n'ont rien de gratuit. Georges ne tue pas par plaisir, il n'est pas heureux de voir «tomber les Blancs sous ses balles». Il n'en retire en fait que «la satisfaction d'accomplir un devoir sacré» (*TK*, p. 177). Pour lui, il s'agit d'une mission quasi divine qui a comme objectif ultime de reconquérir le pays de ses ancêtres. Il se sent donc investi d'un devoir envers son peuple et ce devoir légitime à ses yeux toutes ses actions.

Dans *Le trappeur du Kabi*, peu de gens saisiront l'envergure du combat que mène Mattawashpi. En fait, seul Roger Demers se montre sensible à sa quête, en dépit de la haine qu'il lui voue. S'il s'attend, lorsqu'il part à sa recherche, à rencontrer «un pauvre bougre […] que la misère [a] réduit à l'état de bête et que la solitude [a] rendu fou» (*TK*, p. 132), il comprend bientôt que son adversaire a l'étoffe d'un héros. Après

avoir entendu les confidences du chef Jos Ashkwia,
il se demande en effet si la démence de George n'est
«pas le fait d'un être exceptionnel, un de ces rares
personnages de l'histoire qui, plutôt que d'accepter la
réalité telle qu'elle est, tentent de la modeler selon la
vision idéale qu'ils s'en font.» (*TK*, p. 192) À la fin du
roman, quand il lit l'entrefilet publié dans le journal
La Presse, et dans lequel la conduite de George est
mise sur le compte de la folie, il semble bien s'être
forgé sa propre idée à ce sujet :

> Un fou… Un idéaliste qui n'accepte pas les choses
> telles qu'elles sont. Un fou, oui, comme Don Qui-
> chotte, un fou pour qui n'existe pas d'autre réalité que
> la sienne. Un fou… Qu'est-ce qu'ils en savent? […]
> Un fou capable de mener à lui tout seul une guerre
> sans issue contre tout un peuple. Plutôt un martyr. S'il
> avait réussi à soulever les siens, ils en auraient fait un
> héros. Son erreur, c'est d'être né trop tard et d'avoir
> essayé de réparer l'irréparable. (*TK*, p. 211-212)

Il incarne une vision extrémiste du militant amérindien, qui contraste avec le mot d'ordre de l'Association des Indiens et Métis du Canada :

> Nous ne croyons pas à la violence. Nous voulons la
> libération du peuple indien de la tutelle que lui impo-
> sent les Blancs, mais pas à ce prix-là. À notre connais-
> sance, George Mattawashpi était un solitaire. Il a
> commis ses crimes seul, sans la connivence ou l'aide
> de qui que ce soit. Des Indiens ont d'ailleurs risqué
> leur vie; l'un d'entre eux l'a même perdue, pour l'ar-
> raisonner. Jamais notre association n'a approuvé ou
> n'approuvera de telles méthodes. (*TK*, p. 210-211)

Tantôt considéré comme un fou, tantôt comme un héros, George Mattawashpi demeure en tous cas le porte-étendard d'une cause qu'il aura défendue en solitaire, jusqu'à ce qu'on vienne mettre fin à ses jours.

JOS ASHKWIA

Chef de la réserve du lac Constance, Jos Ashkwia se range plutôt du côté des modérés et semble adhérer au discours de l'Association des Indiens et Métis du Canada. S'il entretient des relations harmonieuses avec les Blancs, il maintient suffisamment ses distances avec eux pour garder le respect de son peuple :

> Jos Ashkwia avait pour principe que les affaires des Indiens ne concernaient pas les Blancs. [...] Sa grande sagesse et son sens inné de l'équité lui avaient valu la considération, voire l'amour des siens et le respect des Blancs. Il passerait dans les annales de la tribu pour avoir été un bon chef. (*TK*, p. 164)

Sa personnalité posée et calme le place donc aux antipodes de George Mattawashpi. Quand le jeune trappeur revient à la réserve, exhibant ses scalps et prêchant la révolte, puis qu'il convoque en duel Ashkwia lui-même, ce dernier le dénonce à « la police des Blancs ». Évidemment, son attitude n'a pas l'heur de plaire à George, qui réagit vivement en apprenant la nouvelle : « Ainsi, Jos Ashkwia avait vendu la mèche pour sauver sa peau. Tant pis pour lui, il mourrait quand même » (*TK*, p. 184). Avec Ashkwia et Mattawashpi, ce sont donc deux systèmes de valeurs qui s'affrontent : l'Ancien Ordre, celui du chef

Ashkwia, celui que George considère être une ère de décadence et de soumission, puis le Nouvel Ordre, le sien, qui est censé ressusciter cette époque bénie où l'Amérindien régnait sans partage sur l'Amérique.

LE SERGENT OLIVER MCNAB ET L'AGENT SABOURIN

Les inspecteurs McNab et Sabourin semblent tout droit sortis d'un roman policier tout ce qu'il y a de plus traditionnel. En apparence irascible, le chef de police McNab est pourtant inoffensif tant à cause de ses piètres talents d'enquêteur que de son irrésistible penchant pour la bouteille. Incapable de transcender le cadre ordinaire d'une enquête policière, il demeure incrédule devant l'histoire de Demers. Il faudra que le chef amérindien Ashkwia lui serve sur un plateau d'argent les indices nécessaires à l'arrestation de Mattawashpi. Quand vient le temps de procéder à l'arrestation, McNab trouve encore le moyen de prendre d'assaut la réserve avec sa voiture de police, avertissant ainsi Mattawashpi et lui permettant de prendre la fuite. Enfin, lors de la chasse à l'homme qui clôt le roman, McNab fait rater le plan de Lavoie en s'exprimant à haute voix et en gesticulant, ce qui permet à l'ennemi de découvrir le lieu de leur retraite.

McNab est secondé par un subalterne plus intelligent et plus perspicace que lui, l'agent Sabourin. Il le lui fait d'ailleurs payer en le rabrouant aussitôt qu'il en a l'occasion. Après lui avoir demandé son avis sur les circonstances du meurtre, il n'hésite pas à s'approprier sa version des faits et à la faire passer pour sienne devant le procureur. Et quand vient le temps de distribuer les tâches, il se réserve toujours le meilleur, le travail ingrat échouant au pauvre Sabourin. On pourrait sans doute aussi voir dans leur rapport une représentation ironique des rapports entre francophones et anglophones.

En fait, il est une scène qui rend à merveille l'essence de McNab dans *Le trappeur du Kabi*. Il s'agit de l'épisode où il tente de joindre le médecin traitant de Demers, bien au chaud dans son bureau, pendant que Sabourin investigue les lieux du crime en forêt :

> Il décrocha le téléphone et composa un numéro. [...] L'attente lui parut interminable. Il tira un cigare d'une boîte de bois sur son bureau, l'alluma et aspira une longue bouffée avec un contentement évident, une main sur la bedaine, le pouce passé dans l'ample ceinturon de cuir de son uniforme. Il déposa le cigare dans un cendrier, reprit le flacon et le porta goulûment à ses lèvres. Il faillit s'étouffer : on venait de parler dans l'appareil. (*TK*, p. 144)

Maladroit, disgracieux, lourdaud et paresseux, McNab réunit donc plusieurs attributs peu enviables du chef de police, tel que le dépeignent les adeptes du genre policier. Son subalterne se conforme lui aussi, du moins dans une certaine mesure, aux exigences du genre, lui qui «avait décidé de devenir policier en lisant les aventures d'Arsène Lupin et de Sherlock Holmes. » (*TK*, p. 142)

THÈMES

La chasse

Comme c'est le cas dans *La vengeance de l'orignal*, la chasse est le premier thème qu'aborde l'auteur, dans *Le trappeur du Kabi*, ainsi qu'en fait foi l'incipit :

> À quelques kilomètres à l'ouest de lac Kabinakagami, trois hommes traversaient un ruisseau, en équilibre sur un barrage de castors, la carabine levée en guise de balancier. Ils étaient vêtus d'épaisses chemises de laine, chaussés de hautes bottes de caoutchouc et coiffés de casquettes de chasse réversibles. Le premier avait une cartouchière à la taille, les deux autres un sac suspendu à l'épaule. Ils faisaient peu de bruit, se déplaçant lentement et avec précaution. À leur aspect, à leur accoutrement et, à plus forte raison, à leur allure furtive, un œil exercé n'eût pas de peine à reconnaître des chasseurs. (*TK*, p. 78)

Dans *Le trappeur du Kabi* comme dans *La vengeance de l'orignal*, le savoir de l'auteur en matière de chasse s'étale dans plusieurs scènes remarquables de réalisme.

Ce thème comporte aussi une dimension éthique plus prononcée dans *Le trappeur du Kabi* que dans *La vengeance de l'orignal*. En effet, le second roman de Germain oppose deux visions de la chasse : celle des Blancs et celle des Amérindiens, qui écopent du saccage pratiqué par les Blancs. Selon le chef amérindien Ashkwia, ces derniers chassent par plaisir, voire pour le prestige d'avoir abattu une belle bête, sans égard pour l'écologie. En outre, les chasseurs amateurs sont de plus en plus nombreux à envahir la forêt, y venant même par avions et hélicoptères dont le vrombissement effraie les bêtes : «Sans cesse pourchassés et sans nourriture, les orignaux meurent de faim et de fatigue. Les femelles n'ont plus qu'un petit au printemps et souvent les veaux ne voient pas l'hiver suivant.» (*TK*, p. 167) Les Blancs déciment ainsi les troupeaux de bêtes qui «n'ont plus un coin où se cacher» (*TK*, p. 167). Ils sont donc responsables du déclin de la chasse, selon le chef amérindien. En tous cas, ce ne sont certes pas les Amérindiens qui le sont, car les tactiques de chasse de George Mattawashpi sont présentées comme étant irréprochables chaque fois qu'elles sont décrites par l'auteur. En effet, l'Amérindien chasse et pêche uniquement pour subvenir à ses besoins et choisit les espèces dont il se nourrit en fonction des saisons (*TK*, p. 91). En outre, il abat de préférence «un vieux mâle solitaire, parce qu'il n'était pas aussi utile à la reproduction qu'une femelle et donnait plus de viande qu'un jeune» et, en autant que possible, laisse en paix les femelles et les petits. (*TK*, p. 92) Il y a donc un écart considérable entre cette vision de la chasse et celle qu'affichent Demers, Lacasse et Rousseau, ces Blancs qui n'hésitent pas à désamorcer le piège d'un trappeur par plaisir (*TK*, p. 8-9) ou à se servir d'un avion pour repérer leurs proies. (*TK*, p. 48)

La nature

Bien qu'elle ne soit plus une allégorie comme dans *La vengeance de l'orignal*, la nature occupe néanmoins une place importante dans *Le trappeur du Kabi*. Comme toujours, chez Germain, elle fait l'objet de descriptions qui témoignent de l'amour et du respect que lui porte l'auteur. Et, comme dans *La vengeance de l'orignal*, elle se révèle parfois impitoyable. Ainsi, quand Roger Demers tente de prendre le chemin de Hearst, le lendemain de l'écrasement de l'avion, la nature le contraint à retourner vers le camp :

> Le lendemain matin, il avait changé d'avis. Le ciel s'était couvert au cours de la nuit et une pluie fine s'était mise à tomber, poussée par un vent d'ouest glacial. Une nuit blanche, ça peut toujours aller. Un estomac vide, passe encore. Mais quand on y ajoute quelques rafales de bruine froide de fin d'octobre, alors, là, même les plus résistants ont envie de se mettre à pleurer comme des bébés. (*TK*, p. 65)

Cependant, la nature ne joue pas dans ce roman un rôle en tant que personnage, comme c'était le cas dans *La vengeance de l'orignal*. Elle sert plutôt à illustrer ce qui distingue les Blancs des Amérindiens. Leur appréciation de la nature n'est pas du même ordre. Si les trois chasseurs admirent la beauté de la forêt, de sa faune et de sa flore, ils n'en tirent qu'un plaisir esthétique et une sensation de bien-être. Tout autre est le rapport que George Mattawashpi entretient avec elle et il est prêt à tout pour la défendre contre l'envahissement destructeur des Blancs. Aussi, l'assassinat d'un groupe de chasseurs est-il justifié aux yeux de l'Amérindien par leur manque de respect envers l'environnement. Lorsque, le matin du crime, George descend la rivière Kabinakagami, il se délecte de la vue d'«un brouillard léger [qui] flott[e] sur la rivière, rendant l'aube presque palpable», du chant des «derniers canards de la saison [qui] s'ébatt[ent] en cacassant après avoir gobé leur ration de riz sauvage» (*TK*, p. 173), de la présence d'«un jeune orignal s'ébroua[n]t dans une baie, à la recherche de racines et de nénuphars» (*TK*, p. 174). Comme il se trouve dans «un des rares endroits que la hache du bûcheron et le fusil du chasseur avaient encore laissé intact. George nag[e] dans le ravissement. Les dieux lui parlaient ou plutôt lui montraient ce qu'était son pays sans l'omniprésente civilisation des Blancs et ce qu'il pouvait redevenir, grâce à lui.» (*TK*, p. 174) Or, soudain, les animaux se font plus rares, leurs bruits joyeux s'estompent alors qu'une odeur de fumée parvient à ses narines et que le croassement des «corneilles comme aux abords d'un dépotoir ou d'un campement» se font entendre. (*TK*, p. 174) S'ensuit alors la découverte du camp des chasseurs blancs et leur assassinat, digne triomphe, pour Mattawashpi, des valeurs amérindiennes sur la civilisation des Blancs : «Il n'hésita pas. Les Blancs avaient perturbé l'ordre établi dont il s'était fait l'esclave. Ils devaient payer.» (*TK*, p. 174)

L'Amérindien se fait donc justicier et condamne, sans procès, à la peine de mort les Blancs qui ont laissé près de leurs tentes «un amas de détritus : déchets de table, boîtes de conserve, bouteilles cassées, cartons et papiers que les corneilles et les pies avaient abandonnés à son approche » (*TK*, p. 175). Pour venger la nature, il met le feu aux tentes, puis tire sur les hommes qui sortent en criant du brasier, assène des coups de grâce à ceux qui ne sont pas morts et enfin scalpe toutes ses victimes, déçu que bon nombre de chevelures aient été abîmées par les flammes. Ce désir de préserver son habitat naturel conduira aussi Mattawashpi à tuer Lacasse et Rousseau et à tenter d'assassiner Demers. Ses victimes sont nombreuses et amèneront Ashkwia à le dénoncer à la police en dépit de la méfiance que le chef amérindien, comme tous les Autochtones, entretient envers les forces de l'ordre. L'amour de la nature conduit donc, dans le cas de Mattawashpi, à la folie meurtrière.

L'Autre : l'Amérindien et le Blanc

En parlant du personnage de George Mattawashpi, nous avons déjà abordé le thème de l'altérité, qui prend forme dans l'opposition entre Blancs et Amérindiens. L'histoire de George ne fait toutefois qu'illustrer à petite échelle un conflit de longue date entre Blancs et Amérindiens. Il y a en fait plusieurs passages, dans *Le trappeur du Kabi*, qui confirment ce mépris des Amérindiens pour les Blancs, tel celui-ci dans lequel l'auteur disserte sur la manière de faire un feu en forêt :

> À quoi sert un gros feu dont il faut se tenir éloigné, parce qu'il jette trop de chaleur ? Mieux vaut un tout

petit feu au-dessus duquel on peut se pencher pour recueillir toute la chaleur produite. C'est là un des nombreux petits détails que la sagesse indienne a mis au point au cours des siècles de vie en forêt, et plus d'un Indien a souri en voyant ces énormes brasiers que font les chasseurs qui doivent dormir à la belle étoile et que les autochtones appellent avec mépris des *feux de Blancs*. (*TK*, p. 61)

Mais il y a aussi de nombreuses scènes qui soulignent le mépris des Blancs pour les Indiens, comme cette réflexion de Demers, lorsqu'il aperçoit pour la première fois la cabane de George Mattawashpi :

Il y avait bien deux heures qu'il marchait ainsi quand il aperçut la cabane. Il n'eut aucun mal à en identifier le propriétaire. Il en avait déjà vu de semblables dans des réserves indiennes où, encore aujourd'hui, le tipi sert parfois de résidence d'été.

« Un Indien, j'aurais dû y penser. Qui est-ce qui peut habiter un endroit pareil à part un Indien ? » (*TK*, p. 129)

Ici, on sent poindre le paradigme nature/civilisation à travers le mépris de Demers. Étant incapable de comprendre les motifs qui poussent George à habiter un tipi, Demers présume que c'est par « primitivisme » que son ennemi adopte ce mode de vie. Alimentée par l'ignorance et les préjugés, l'attitude des Blancs envers les Amérindiens n'est donc pas plus louable que celle des mêmes Amérindiens envers eux.

Si les Blancs s'appuient sur des stéréotypes pour définir les Amérindiens, c'est que cette attitude s'avère souvent bien commode pour ne pas avoir à

s'interroger sur l'Autre. Ainsi, Roger Demers regrette d'avoir dit la vérité au sergent McNab, alors
qu'il aurait été bien plus facile de se rabattre sur un
stéréotype — l'alcoolisme des Amérindiens — pour
expliquer la situation :

> Pourquoi n'avait-il pas raconté une histoire simple,
> qu'un gros policier de campagne n'aurait eu aucun
> mal à comprendre, plutôt que de dire la vérité ? Il en
> imagina une version.
>
> « Nous revenions de la chasse. Un groupe d'une di-
> zaine d'Indiens à moitié saouls avait pris possession
> du camp. Ils ont dû trouver les quelques bouteilles que
> nous avions apportées — vous savez comment c'est à
> la chasse, on a toujours un peu froid. Nous sommes
> rentrés — nous ne pouvions pas passer la nuit dehors,
> n'est-ce pas ? — nous avons essayé de les raisonner.
> Ils se sont mis à tirer. J'ai été chanceux de ne recevoir
> qu'un coup de couteau. Lacasse et Rousseau n'ont pas
> eu ma veine. » (TK, p. 156)

Or, Germain ne cherche en rien à reconduire les stéréotypes, il tente plutôt de les débusquer et de faire
la part des choses en cherchant à saisir la réalité de
l'Autre. C'est ce à quoi parvient Demers à la fin du
roman alors qu'il comprend ce qui a motivé la folie
meurtrière de Mattawashpi, sans toutefois l'excuser.
L'Autre n'est plus pour lui une simple abstraction, un
étranger dont l'image est fondée sur des stéréotypes,
mais une personne entière. Le trappeur amérindien
n'arrive pas, pour sa part, à se défaire de ses idées
préconçues à l'égard des Blancs. Cédant à la généra-
lisation abusive, il les met tous dans le même bateau :
ce sont de vils profiteurs qui saccagent la nature,

dérangent l'ordre des choses et surtout l'enquiquinent par leur simple présence sur ce qu'il considère être son territoire. Il ne fait preuve d'aucune ouverture face à l'Autre. Le roman suscite donc un questionnement chez ses lecteurs : comment vivre en harmonie avec la nature et surtout avec les autres humains qui nous entourent et partagent notre espace de vie ? Question centrale pour les habitants du Nord où Blancs et Amérindiens doivent se fréquenter quotidiennement, mais aussi dans les villes multiculturelles du Sud.

La mort

Le thème de la mort est omniprésent dans *Le trappeur du Kabi*. Il se manifeste dès le début du roman, quand Demers frôle la mort après avoir été accidentellement effleuré par la balle de Rousseau. Puis il la côtoie de près lors de son accident en avion. Mais elle ne fait que le menacer, alors qu'elle s'empare de Lacasse et de Rousseau, qui tomberont sous les balles du trappeur du Kabi. Quand Demers aperçoit le cadavre de Lacasse, au retour de son escapade en avion, c'est son premier contact réel avec elle. Elle suscite chez lui horreur et révulsion :

> Demers s'approcha de ce qu'il avait pris pour un tas de couvertures auprès du lit défait, mais où il reconnaissait maintenant une forme humaine. La carabine pointée vers son associé, il mit un genou à terre et tira le drap.

> C'était bien Lacasse, les yeux vides, la bouche béante et les traits figés par la mort. Sur sa poitrine, sa chemise était tout imprégnée de sang noirâtre à demi

coagulé. Demers recula, rempli d'horreur. Il avait
frôlé la mort à plusieurs reprises au cours des derniers jours, mais, cette fois, il la voyait en face, blême
et hideuse. (*TK*, p. 73)

Il la verra d'encore plus près, lorsqu'il tiendra Rousseau expirant dans ses bras. Dans cette deuxième
scène où Demers doit accepter le décès d'un de ses
amis, la mort ne suscite plus la frayeur et le dégoût,
mais plutôt la compassion et le désir de venir en aide
à son associé. Certes, cette réaction peut être attri-
buable au fait que Rousseau est encore conscient au
début de la scène et que Demers peut penser le sauver
(*TK*, p. 115), mais il est également possible d'y voir
l'événement déclencheur d'une remise en question
de soi qui l'amènera à devenir un homme meilleur :

> Combien de temps Demers resta-t-il prostré, le
> cadavre de Rousseau devant lui et celui de Lacasse
> derrière? Il n'aurait pu le dire. Le drame avait été si
> soudain et si brutal qu'il le laissait abasourdi, presque
> inconscient. Le meurtrier aurait pu venir lui taper sur
> l'épaule qu'il ne s'en serait même pas aperçu. Il était à
> ce point absorbé par sa réflexion, ou, plus exactement,
> son examen de conscience qu'il en perdait tout contact
> avec la réalité, toute notion du temps. (*TK*, p. 116)

Demers se sent alors irrémédiablement coupable de la
mort de ses copains : « Et c'était sa faute, entièrement
sa faute. [...] Lui seul restait et pour combien de temps
encore? Lui, le plus coupable des trois » (*TK*, p. 116).
De là naît sa résolution de les venger, de réparer les
erreurs commises : « L'enjeu était clair. Sa vie ou celle
du meurtrier. Il tenait à la sienne. Il faut avoir deux

cadavres près de soi pour savoir à quel point elle est précieuse. » (*TK*, p. 117)

Outre les associés de Demers, plusieurs personnages trouvent la mort dans *Le trappeur du Kabi*, souvent dans des scènes d'horreur amplement décrites par l'auteur. Pensons aux chasseurs qui sont morts en tenant d'échapper à l'incendie de leur campement, orchestré par George Mattawashpi :

> Des boules de feu sortirent du brasier, des silhouettes informes et hurlantes. [George] visait sans hâte, avec application, comme celui qui exécute un travail de précision où rien ne doit être laissé au hasard. Lorsqu'il manqua de balles dans sa carabine, il prit le temps de recharger.
>
> C'était un macabre spectacle que ce brasier ardent, dans la grisaille du matin, duquel sortaient des formes enflammées titubantes, roulantes ou rampantes qu'une balle immobilisait pour toujours. Combien étaient-ils ? Il ne comptait pas. Fussent-ils vingt ou trente qu'il les tuerait tous. L'un d'entre eux parvint à la rivière, mais une fois les flammes éteintes, lorsqu'il voulut ressortir de l'eau, l'Indien l'abattit sans pitié comme les autres. (*TK*, p. 175-176)

D'autres hommes mourront enfin lors de la chasse à l'homme qui vise à capturer le trappeur du Kabi : le chef amérindien Jos Ashkwia, le sergent McNab, l'agent Sabourin et Mattawashpi trouveront tous la mort lors de cet événement, dont seul Demers sort indemne. En fait, dans *Le trappeur du Kabi*, le bilan des victimes s'élève à quinze morts, selon les informations du journal *La Presse* : « On se souviendra en effet que treize Blancs (dont deux policiers) et un Indien ont perdu la vie sous les balles d'un Indien avant qu'il ne soit lui-même abattu. » (*TK*, p. 210)

On peut s'interroger sur l'omniprésence de la mort dans *Le trappeur du Kabi*. Elle est évidemment justifiée par l'intrigue. Or, la mort est aussi un symbole : quand les Blancs demeurent sourds aux griefs des Amérindiens et que les Amérindiens eux-mêmes se complaisent dans le rôle de l'esclave, il ne reste plus que la mort qui soit assez puissante pour éveiller les consciences.

La guerre

Intimement liée aux thèmes de la mort et de l'altérité, la métaphore guerrière revient très souvent sous la plume de Germain dans ce deuxième roman. Le combat entre Demers et Mattawashpi est décrit maintes fois en des termes épiques qui sont bien près de rappeler le cérémonial des joutes ayant opposé les chevaliers du Moyen Âge. Ainsi, les deux opposants se jaugent et s'affrontent dans un combat qui mise sur leur adresse : « L'Indien songea que ce Blanc avait agi avec une célérité qu'il aurait lui-même eu du mal à égaler. Il n'avait pas peur, mais son antagoniste lui inspirait maintenant assez de respect pour qu'il songe à changer de tactique. » (*TK*, p. 114) Le combat entre les deux hommes se fonde aussi sur l'honneur à préserver, voire à venger : « Demers avançait avec détermination. Il n'avait pas peur. S'il devait trouver la mort en ces lieux, au moins ce serait en liberté et honorablement.» (*TK*, p. 201). Il leur faut donc «vaincre ou mourir» (*TK*, p. 202), il n'y aucune autre alternative possible pour eux. Le vocabulaire concourt lui aussi à instaurer cette analogie, notamment par l'utilisation de termes appartenant à l'isotopie guerrière tels que guerriers, bataille ou armure : «Demers […] commençait à comprendre son adversaire et cherchait la faille de son armure. Mais il ne trouvait rien. George Mattawashpi serait un ennemi redoutable.» (*TK*, p. 191-192) L'exemple le plus frappant de la réactualisation de ce code guerrier demeure cependant cette réflexion de Mattawashpi, lorsqu'il quitte son refuge pour affronter Demers et ses trois acolytes, Ashkwia, McNab et Sabourin : «Je mourrai comme un guerrier, l'arme à la main et au grand jour.» (*TK*, p. 204)

Il s'agit en fait, pour Mattawashpi, d'une guerre sainte. Lorsqu'il découvre et scalpe les cadavres de Rousseau et Lacasse, il se sent en communion avec ses aïeuls :

> Il était ivre de joie fanatique. Les esprits des ancêtres étaient en liesse, il le sentait. Tout son corps vibrait à l'unisson avec les âmes des guerriers de sa race, morts au cours des millénaires et qui avaient accompli le même geste qu'il venait de poser. Il en comprenait le sens maintenant. Ce n'était pas un acte de vengeance, mais un rite sacré, une communion avec l'au-delà en même temps qu'une consécration de la valeur du guerrier qui venait d'enlever la vie à un adversaire. (*TK*, p. 128).

La métaphore guerrière dans le roman s'inspire donc de l'imagerie des croisades et des joutes moyen-âgeuses[1]. Elle confère à la lutte qui oppose Demers et Mattawashpi une dimension mythique puisque les adversaires se battent pour défendre des valeurs qui leur semblent fondamentales : la vie et la liberté pour Demers, les traditions pour Mattawashpi. Ce qui, à la fin, distinguent les deux hommes, est l'intolérance de l'Amérindien, son incapacité d'accepter l'Autre et de trouver un terrain d'entente, alors que le Blanc découvre la réalité autochtone et souhaite que les deux peuples apprennent à mieux se connaître.

L'amitié

Le trappeur du Kabi traite abondamment de la question de l'amitié, bien que le lien qui unisse Demers, Lacasse et Rousseau ne soit en rien comparable à la définition habituelle du terme. En fait, il n'y a qu'à se rappeler l'épisode de la Fête du Travail, pour constater que seul l'intérêt commercial réunit au départ ces trois hommes : « Comme c'était toujours le cas quand ces trois-là se retrouvaient ensemble, l'usine reprenait ses droits et devenait le sujet de conversation par excellence, seul lien réel entre les trois hommes. » (*TK*, p. 16) Outre le fait qu'ils ont peu en commun, Demers, Lacasse et Rousseau tissent entre eux des rapports qui ont peu à voir avec l'amitié. Les tensions entre

---

1. Rappelons ici que Doric Germain a rédigé une thèse de maîtrise sur *La chanson de Roland*.

Demers et Lacasse qui se disputent les faveurs de la belle Annette en sont la preuve.

Ils ont pourtant décidé de planifier ensemble une partie de chasse, signe qu'ils se considèrent malgré tout comme des «amis». Quand on y regarde de près, on comprend vite que l'absence d'amitié réelle entre les trois hommes vient en fait de l'attitude condescendante de Demers. Lacasse, on le sait, ne demanderait pas mieux que de devenir l'ami de Roger Demers, qu'il admire. Quant à Rousseau, il tentera d'excuser Demers lors de sa fuite en avion, tout comme il acceptera de le suivre dans sa campagne de résistance au trappeur du Kabi. Bref, seul Demers se montre indigne de ses deux associés, lui qui attend leur mort avant de remettre en question sa façon d'agir envers eux. (*TK*, p. 116)

MODALITÉS ET FORME DU RÉCIT

Structure

Le trappeur du Kabi compte douze chapitres dont l'action se situe dans la région de Hearst. La structure du roman se module de fait sur l'espace. Les huit premiers chapitres transportent le lecteur dans une forêt du Nord de l'Ontario, aux environs du lac Kabinakagami. L'auteur y relate les aventures de Demers, Lacasse et Rousseau, qui se sont rendus là-bas pour une partie de chasse qui tourne mal. Seul le second chapitre nous tire de cet environnement pour nous ramener à Hearst, lors de la fête du Travail des Contre-plaqués Demers et Cie, quelques semaines avant le départ des trois hommes en forêt. Les quatre derniers chapitres du roman font quant à eux alterner l'action entre le village de Hearst, où l'on assiste au travail de la police enquêtant sur les meurtres de Lacasse et Rousseau, et la réserve amérindienne du lac Constance, que le retour de George Mattawashpi a mise en émoi. *Le trappeur du Kabi* s'achève enfin sur un court épilogue dans lequel on retrouve Roger Demers et Annette Lacasse sur une plage ensoleillée du Mexique.

Chacun des chapitres du *Trappeur du Kabi* porte un titre qui correspond bien aux lignes de force qu'y développe l'auteur. En fait, les thèmes cardinaux du *Trappeur du Kabi* ressortent à la seule lecture de ces titres : *La mort vue d'en haut* et *Le regard de la mort* indiquent bien que ce thème joue un rôle déterminant dans l'intrigue du roman ; des titres comme *Le chien*, *Une corneille un peu spéciale* et *Pour un piège à castor* s'inscrivent dans un registre animal qui connote la nature et la chasse ; les titres *Corps à corps*, *Le suspect* et *Chasse à l'homme* rattachent quant à eux *Le trappeur du Kabi* au genre policier, dont on sait que McNab et Sabourin sont issus.

Notons enfin que la technique narrative de Germain s'enrichit cette fois-ci d'analepses — retours dans le temps — pratiquées dans les deuxième et sixième chapitres du *Trappeur du Kabi*. Le second chapitre revient sur la fête du Travail des Contre-plaqués Demers et Cie afin de mieux cerner la psychologie des personnages et les liens qui les unissent. Le sixième chapitre joue cette même fonction pour George Mattawashpi : il recense son histoire en plus d'énumérer les motifs qui le poussent à agir de la sorte. Un tel procédé a pour effet de maintenir le lecteur en haleine et de préserver le suspense bien mieux que ne le ferait une narration purement chronologique des événements.

Narration

Comme dans *La vengeance de l'orignal*, Germain adopte un point de vue omniscient plutôt qu'une narration au «je». Il choisit donc une posture narrative qui lui permet de sonder la conscience de chacun des personnages sans accorder préséance à l'un ou à l'autre. Or, pour son second roman, Germain innove en cédant la parole à ses personnages au moyen du style direct ou du style indirect, voire du style indirect libre. Le style direct consiste à reproduire les paroles des personnages telles qu'elles ont été prononcées. On trouve maints exemples de transcription de dialogues entre les personnages dans *Le trappeur du Kabi*. Doric Germain rend ainsi son roman plus vivant en donnant directement la parole à ses personnages. Cependant, il arrive aussi qu'il ait recours au style indirect. Celui-ci consiste à reproduire le discours d'un personnage à l'intérieur même de la narration sans se servir des guillemets bien qu'en ayant recours à une formule indiquant que le narrateur cède la parole à un tiers, telles que « il dit » comme dans ce passage où Germain relate un échange entre Annette Lacasse et Roger Demers : « Vers minuit, elle parla de s'en aller. Comme son mari, qu'elle avait totalement oublié jusque-là était introuvable, Roger Demers lui proposa de la raccompagner chez elle. » (*TK*, p. 23) Ici, Annette et Roger sont d'emblée investis du statut de locuteurs, en tant que sujets des verbes « parler » et « proposer » et ce, avec autant de clarté que si Germain avait fait usage de guillemets pour citer leurs paroles.

À l'opposé du « style indirect », dont il constitue une variante, le « style indirect libre » tisse un lien plus ténu entre le locuteur et son discours, qui a tendance à se confondre avec celui du narrateur puisque les marques de subordination sont absentes du texte. Le second chapitre du *Trappeur du Kabi* contient un excellent exemple de « style indirect libre ». On y trouve un passage où la voix de Lacasse perce à travers le discours du narrateur, dans le but d'exprimer son désarroi de s'être fait doubler par Demers pour résoudre un problème. Les premières lignes de ce passage sont évidemment l'œuvre du narrateur :

> Ce dernier était blême de rage. L'approvisionnement de l'usine en matières premières, c'était son domaine. Mais depuis quatre ans que durait l'association, c'était la troisième fois que Demers, qui en théorie ne s'occupait que de l'usine, venait avec un coup de maître lui régler un problème en apparence insoluble.

Celles sur lesquelles il s'achève nous transportent plutôt dans l'esprit de Lacasse. Certes, il n'y a ni verbe, ni guillemets qui viennent attester ce transfert. Mais d'autres détails le rendent manifeste, comme cette explosion de subjectivité à laquelle on assiste en fin de paragraphe :

> Et toujours de la même façon : en profitant de ses innombrables relations, surtout celles qu'il entretenait soigneusement avec le parti politique au pouvoir. Il ne se gênait pas pour laisser bien sentir à Lacasse qu'il n'était qu'un nouveau riche et un incapable. Mais un jour viendrait où on ne lui marcherait plus sur les pieds, et lui, Lacasse, un jour il serait le patron incontesté. (*TK*, p. 18)

En fait, c'est là le principal avantage du « style indirect libre » que d'ouvrir une brèche à la subjectivité dans un discours omniscient. Le scénario du *Trappeur du Kabi* justifie d'ailleurs amplement l'usage du procédé. Souvent l'expression d'un verdict négatif sur un pair, cette subjectivité légitime et renforce la dynamique conflictuelle que Germain a créée entre les personnages du *Trappeur du Kabi*, tous des antagonistes à un moment ou l'autre de l'intrigue.

Schéma actantiel

L'actualisation du schéma actantiel s'avère plus complexe dans *Le trappeur du Kabi* qu'elle ne l'est dans *La vengeance de l'orignal*. Seul le protagoniste de l'histoire est aisément identifié dans ce roman : il s'agit du personnage de Roger Demers, dont l'omniprésence atteste son statut de héros. Dès lors cependant qu'on tente d'étudier *Le trappeur du Kabi* en fonction des autres catégories du schéma actantiel, la complexité de l'intrigue se révèle. Disons d'abord que la quête de Demers change d'objet et de destinateur tout au long du récit.

Commençons par le début de l'histoire, quand Germain présente le Roger Demers première mouture. À cette époque, quel que soit l'objet vers lequel se dirige l'attention de Demers — Annette Lacasse, l'usine — ce sont toujours l'orgueil et la soif de prestige (destinateur) qui motivent ses actions. Individualiste, l'homme d'affaires se soucie bien peu des états d'âme de ses associés dont il se sert en fait comme faire-valoir. Est-ce à titre d'adversaires vaincus (opposants) ou de victimes obligeantes (adjuvants) que Lacasse et Rousseau se prêtent à ce jeu? Difficile à dire. Ce qui est sûr, en tous cas, c'est que Demers rencontre bien peu de résistance, à ce stade de l'intrigue, quand vient le temps de combler ses désirs (destinataire).

La présence de George Mattawashpi vient cependant troubler la quiétude de Demers en lui offrant pour la première fois un adversaire (opposant) digne de lui. Téméraire et courageux, le jeune trappeur amérindien n'hésite pas à tirer sur Demers, en pleine saison de chasse, pour venger ses ancêtres et affranchir son peuple de la tutelle des Blancs. Les vanités de ce monde semblent, dans ce contexte, bien puériles à Demers, qui se met à lutter pour sa vie (objet). Il se méfie d'abord de ses associés, dont il est tenté de croire qu'ils ont voulu l'assassiner. Mais, après maintes péripéties, il constate leur innocence, quand Lacasse meurt sous les balles de l'Indien meurtrier. Puis, c'est au tour de Rousseau d'être victime du tueur. Demers se retrouve alors seul face à son ennemi.

Plutôt que de lutter pour sa vie, il lutte désormais pour venger (objet) Lacasse et Rousseau (destinataires) envers lesquels il sait avoir été injuste. Il est donc littéralement transformé par la mort de ses associés : il est prêt à se sacrifier pour que justice soit faite. Il faut cependant avouer qu'un reste d'individualisme teinte cet altruisme. Quand l'inspecteur McNab l'interroge à propos des meurtres de Lacasse et de Rousseau, il refuse l'amnistie du mensonge — mentir lui éviterait la prison — dans le but d'épargner son honneur :

> Il ne pouvait s'imaginer reprendre le travail sous les regards accusateurs ou curieux de ses employés et de ses amis, ou même des étrangers qui viendraient à l'usine juste pour voir la tête d'un tueur. [...] Il ferait éclater la vérité au grand jour. De meurtrier sans scrupule, il redeviendrait victime et héros, par surcroît. (*TK*, p. 158)

Mais les motifs de sa quête restent nobles et son entreprise sera couronnée de succès. Avant la fin du roman, il retrouve Mattawashpi et met fin à ses jours. Ses adjuvants — Jos Ashkwia, l'inspecteur McNab et l'agent Sabourin — meurent tous sous les balles de l'Indien que Demers devait affronter seul. Car l'objet de sa quête, c'était aussi, et même surtout, de se changer lui-même en prenant conscience de la valeur d'autrui, qu'il s'agisse de ses associés ou d'un Amérindien mû par un noble idéal, tout utopique qu'il soit.

Nature du roman

Comme *La vengeance de l'orignal*, *Le trappeur du Kabi* remporte un vif succès auprès du public jeunesse et ce, malgré le fait qu'il mette exclusivement en scène des adultes. Ses affinités avec le roman d'aventures y sont sans doute pour quelque chose, car à l'instar de *La vengeance de l'orignal*, le second roman de Germain multiplie les péripéties dont enfants et adolescents sont friands. Il exploite aussi des thèmes — la nature, le grand Nord, les Amérindiens — dont le succès a déjà été éprouvé par de nombreux auteurs.

S'il s'apparente en cela à *La vengeance de l'orignal*, *Le trappeur du Kabi* innove cependant sur le plan du genre en donnant dans l'intrigue policière. Quand Demers atterrit à l'hôpital de Hearst, pour soigner les blessures que lui a infligées le trappeur du Kabi, le lecteur sent tout de suite ce changement de registre. Demers est interrogé par l'enquêteur McNab avant d'être incarcéré à titre de suspect des meurtres de Lacasse et de Rousseau. Tout au long de cet épisode, Germain nous sert des poncifs du roman policier, pour le plus grand plaisir des amateurs du genre.

Témoin, ce passage où ce lourdaud d'inspecteur McNab se décharge de ses obligations sur l'agent Sabourin pour siroter un scotch :

> Sabourin, je ne veux plus d'hypothèses. Je veux des faits. Pour commencer, tu vas prendre toutes les affaires de Demers et tu vas me faire passer ça au peigne fin, au microscope, à l'acide, aux rayons X s'il le faut. Deuxièmement, tu vas demander le rapport le plus détaillé de ta carrière sur les cadavres. Ensuite, tu vas prendre l'avion pour le Kabi. Je veux des photos, des descriptions détaillées, des croquis et des mesures. Ce que je veux, c'est une enquête en règle, pas un roman, bien compris ? (*TK*, p. 143-144)

Ici, Germain fait un clin d'œil évident au roman policier, en faisant allusion à l'esprit romanesque de Sabourin, cet agent qui a «décidé de devenir policier en lisant les aventures d'Arsène Lupin et de Sherlock Holmes. » (*TK*, p. 142) Il rend ainsi hommage à un genre tout aussi populaire que le roman nordique.

PISTES DE RÉFLEXION

1. Identifiez des exemples de l'incompréhension de la culture de l'Autre.

2. Quels sont les indices qui montrent l'évolution psychologique de Roger Demers ?

3. Est-ce que la colère de George Mattawashpi est justifiée ? Comment aurait-il pu la faire comprendre de façon positive ?

4. Pourquoi le livre se termine-t-il au Mexique?

5. Que pensez-vous de la représentation de la femme dans ce roman?

6. Que nous apprend le schéma actantiel sur l'évolution du personnage de Roger Demers?

LE SOLEIL
SE LÈVE AU NORD

RÉCIT

Le soleil de lève au Nord relate l'odyssée de Marc Bérard, un jeune francophone qui quitte la région de la capitale nationale pour s'exiler dans le Nord de l'Ontario, après que sa mère soit décédée et que son père ait sombré dans une profonde dépression.

Il y rejoint son oncle Édouard, un homme qui vit des ressources de la forêt, et son épouse Rosa, une Amérindienne habitée par la même passion que son mari pour la Nature. En véritable petit citadin, Marc a d'abord du mal à se faire à sa nouvelle vie. Ses premiers contacts avec la ville de Hearst et la réserve amérindienne de Constance Lake, en bordure de laquelle habite Édouard, le déçoivent d'autant plus qu'il y est accueilli par un étranger, son oncle s'étant momentanément absenté de chez lui.

Or, dès le lendemain, Marc commence à se familiariser avec les lieux et son entourage : il déjeune en tête-à-tête avec Rosa, puis participe à une partie de chasse et de pêche en compagnie des neveux de celle-ci, avant de retrouver son oncle vers la fin de cette trépidante journée. À l'invitation de ce dernier, il part à la chasse à l'orignal pendant quelques semaines, plutôt que de s'inscrire à l'école secondaire du district, comme il l'avait prévu.

C'est alors que commence pour lui un long apprentissage de la vie en forêt, parsemé d'épreuves et d'embûches qui l'obligent à se dépasser. Il y a d'abord l'épisode de la chasse à l'orignal, au cours duquel il sert de guide aux touristes, en compagnie d'Édouard. Ils abattent alors la besogne qui déplaît aux clients : charger le bateau, transporter le matériel, porter les quartiers de venaison jusqu'au camp et toutes les autres tâches épuisantes. Puis, il y a la saison de la trappe, durant laquelle Marc se fait l'apprenti de son oncle : il apprend alors la façon de poser et de lever des pièges, d'écorcher ses prises pour en récupérer la fourrure et la viande. Il apprend aussi à vivre en harmonie avec la Nature et à la respecter. Mais surtout, il apprend à affronter ses peurs en surmontant les épreuves que lui destine la forêt. Il acquiert ainsi de plus en plus d'assurance, ce qui lui permet non seulement de sauver la vie de son oncle, lorsque ce dernier se blesse en abattant un arbre, mais aussi de finir tout seul la saison de la trappe.

Quand Marc revient à la réserve de Constance Lake, au printemps, il semble s'être complètement acclimaté à son nouvel environnement. C'est alors qu'il apprend la nouvelle du décès de son père, dont la mort initie, sur le plan symbolique, sa propre renaissance. En effet, une nouvelle vie attend Marc qui, en digne héritier de son oncle, rêve de continuer à chasser pour assurer sa subsistance, ainsi que celle de Mona, une jeune Amérindienne qu'il a rencontrée dans le Nord.

ESPACE, TEMPS ET PERSONNAGES

Espace

Le traitement de l'espace, dans *Le soleil se lève au Nord*, semble avoir fait l'objet d'une attention toute particulière de la part de l'auteur, puisqu'il relève d'une dynamique beaucoup plus complexe que celle qui sous-tend *La vengeance de l'orignal* et *Le trappeur du Kabi*.

Certes, comme dans ses deux premiers romans, Germain situe l'action du *Soleil se lève au Nord* dans la région de Hearst. Le trajet qui mène le héros d'Ottawa à Hearst lui fait voir toutes sortes de lieux comme les villes de Cochrane et de Kapuskasing, mais aussi de plus petits villages comme Opasatika, Témagami ou Matachewan. Les réflexions de Marc sur cet environnement mettent en relief cependant un net contraste entre le Nord et la ville, qui n'était pas si tangible dans les premiers romans de Germain. Dans *La vengeance de l'orignal* et *Le trappeur du Kabi*, l'opposition ville/forêt était plutôt inscrite dans les tensions existant entre les personnages, tantôt citadins, tantôt amants de la nature. Dans *Le soleil se lève au Nord*, elle prend forme à travers les réflexions de Marc de façon beaucoup plus explicite. Celui-ci s'étonne d'abord de la singularité des lieux qui suscitent en lui des émotions ambivalentes : «Tout ici semblait étrange à Marc, depuis l'aspect du pays lui-même jusqu'à celui des habitants en passant par les animaux. De surprise en surprise, il en arrivait presque à éprouver plutôt un malaise que de l'étonnement devant cet univers si nouveau et qui ne faisait qu'accentuer son sentiment d'abandon et de solitude.» (*SN*, p. 7).

La distance entre Ottawa et Hearst, qu'il parcourt en autobus, lui permet de prendre la mesure de tout ce qui sépare les deux lieux, tant physiquement que culturellement. L'espace nordique est décrit, à son arrivée, avec des termes péjoratifs tels «chétives», «plate», «naine» qui s'opposent à «belle» ou «magnificence» utilisés pour décrire la vallée de la Gatineau (*SN*, p. 7-8). Son premier contact avec l'espace nordique teinte sa perception des gens qui y vivent et de la vie qui l'attend si loin de la ville :

> Quant à la population, il en voyait peu de traces : quelques fermes isolées et, de loin en loin, un petit hameau dont les maisons avaient l'air d'une grappe de raisins accrochée à la route. [...] Que pouvait-il attendre d'endroits aussi visiblement sauvages? De sorte que quelques heures après l'avoir quittée, il

> regrettait déjà la ville, ses maisons bien ordonnées, ses gratte-ciel, ses routes encombrées et ses rues aux noms prononçables (*SN*, p. 8-9)

Ainsi, le paradigme ville/campagne inhérent aux premiers romans de Germain s'exprime avec plus d'acuité dans ce roman. Il inverse aussi, du moins pour un temps, le rapport de force qui le régissait au départ : en effet, dans *La vengeance de l'orignal* et *Le trappeur du Kabi*, la ville et le progrès sont d'emblée dévalués au profit du Nord, de la Nature et du mode de vie de leurs habitants.

L'incipit du *Soleil se lève au Nord* adopte une tout autre perspective, exposant le lecteur au point de vue d'un citadin. Aux yeux de Marc, le Nord de l'Ontario est plutôt associé à l'éloignement, à la solitude et à la sauvagerie, même lorsqu'il s'agit du domicile de son oncle : «une cabane en bois rond qui lui parut minuscule, enserrée qu'elle était par les épinettes. Il mit un moment à comprendre qu'il était arrivé. Son cœur se serra en pensant que cette cabane, c'était maintenant chez lui» (*SN*, p. 9-10). Ici, comme c'est presque toujours le cas lorsque la ville s'oppose à la campagne, on voit surgir le classique paradigme nature/civilisation. Or, contrairement à la tendance habituelle chez Germain, la nature est ici associée aux valeurs négatives.

Il faut attendre le début du second chapitre pour que cette vision de l'espace se transforme, alors que Marc apprend à découvrir les lieux qui l'entourent,

lors d'une partie de pêche en compagnie de Jim et
d'Éric, les neveux de tante Rosa. Dès lors, Marc commence à s'ouvrir à la nature, en prenant exemple sur
Éric qui se réjouit de se trouver en forêt par une si
belle journée :

> Marc ne lui donna pas entièrement tort. C'était vrai
> qu'il faisait beau. Derrière eux, la forêt bruissait dou-
> cement et dans les cimes des arbres, les oiseaux et les
> écureuils s'en donnaient à cœur joie. Devant, le lac
> miroitait. Des canards, à bonne distance, s'ébattaient
> en caquetant. À l'abri du vent léger et en plein soleil,
> Marc se sentait envahi d'une douce somnolence.
> (*SN*, p. 33)

Tout le vocabulaire de cette scène contraste nettement
avec celui qui caractérisait l'incipit du roman. De
sauvage et hostile, la nature devient accueillante et
respire l'harmonie.

   Évidemment, tout n'est pas si simple et les valeurs
associées à la nature relèvent d'une dynamique plus
complexe qu'il n'y paraît. Il arrive souvent que la forêt
manifeste sa bienveillance sous le couvert de l'intran-
sigeance, comme le découvre Marc à mesure qu'il la
côtoie. Quand il accompagne son oncle à la chasse à
l'orignal, Marc comprend vite que la Nature réserve
des épreuves à ceux qui veulent la conquérir. Ainsi en
est-il de son expérience de navigation sur la tumultueuse rivière Kabinakagami :

> Le courant était vif. À lui seul, il suffisait amplement à
> faire avancer l'embarcation et le moteur servait plutôt
> à la diriger plutôt qu'à la propulser. L'oncle Édouard
> semblait connaître tous les écueils et tous les passages

de la rivière. Pendant qu'on voyait des bancs de sable, des îlots de verdure ou des roches à fleur d'eau de chaque côté, le guide trouvait toujours un chenal navigable. (*SN*, p. 44)

Si la rivière se fait indulgente pour les sages qui sont humbles devant elle, comme l'oncle Édouard, elle sert parfois des avertissements aux plus présomptueux, comme elle le fera pour Marc, qui affiche une trop grande confiance en lui, lorsqu'il parcourt en motoneige la distance qui sépare le camp de trappe de son oncle de la réserve :

> [J]uste au moment où il commençait à présumer de sa force, la nature allait lui servir une petite leçon d'humilité à sa façon. En dévalant la pente de ce qu'il croyait être un simple vallon, il s'aperçut qu'au fond coulait un ruisseau où bouillonnait l'eau libre. Trop tard pour s'arrêter ou changer de direction. Arc-bouté sur sa machine, la tête tournée de côté pour recevoir les éclaboussures et le cœur serré d'angoisse, il se sentit projeté vers la surface sombre sans pouvoir tenter quoi que ce soit. (*SN*, p. 84-85)

Heureusement, il ne s'agit là que d'un avertissement auquel Marc se montre sensible, alors qu'il tente de surmonter avec le plus d'humilité possible l'épreuve que lui présente la Nature. Il y parvient d'ailleurs tant et si bien qu'à la fin du roman, il se sent chez lui dans cette vaste forêt, tout comme son oncle Édouard. La Nature salue d'ailleurs ce changement en se faisant radieuse, dans la description qui vient clore le roman. L'auteur y montre Marc et Mona s'endormant dans le camp de l'oncle Édouard, sous la voûte céleste :

> Au-dessus de la cabane, un plumet de fumée mon-
> tait tout droit dans le calme de la nuit, s'effilochait
> en volutes et s'évanouissait dans la radiance des
> constellations. Vers le Nord, comme une aube inso-
> lite et mouvante, les pâleurs légères et vaporeuses de
> l'aurore boréale ondoyaient sur la ligne de l'horizon.
> Marc Bérard était enfin chez lui. (*SN*, p. 162)

Ainsi, à la fin du récit, la Nature conserve son aura
positive aux yeux de Marc et ce, en dépit de toutes les
épreuves qu'elle lui a fait subir. Il faut dire qu'entre le
début du roman et sa conclusion, Marc s'est littéralement transformé : désormais, il fait preuve d'ouverture face à la différence.

Cela ne signifie pas cependant qu'il ait tiré un trait
sur la ville. En effet, son intérêt pour la forêt nordique
ne l'empêche pas d'apprécier les mérites des grands
centres urbains, comme en témoigne sa conversation
avec Mona, la jeune Amérindienne qu'il courtise :

> Mona se racontait avec simplicité, parlait de la ré-
> serve, de sa famille, des enfants qu'elle aimait bien.
> Marc glissa quelques mots sur ses parents et l'école. Il
> décrivit sa vie dans la grande ville et vit les yeux de la
> jeune fille s'assombrir quand il y mettait un peu trop
> d'enthousiasme. Elle avait appris le français à l'école
> et mit ses maigres connaissances à l'épreuve avec un
> accent à couper au couteau de chasse. Touché, Marc se
> promit de continuer son éducation. (*SN*, p. 162)

Ici, le personnage de Mona incarne l'immobilisme
dont Marc s'était fait le représentant, au début du roman. Mona craint la ville comme Marc la forêt à son
arrivée dans le Nord. Or, s'il apprend à apprécier la

Nature et ses avantages sur la ville, Marc ne renie pas pour autant le milieu qui l'a vu naître. Son cheminement vient donc miner le paradigme nature/civilisation auquel Mona continue d'adhérer, ce à quoi Marc se promet bien de remédier.

Temps

Outre le fait qu'elle se rattache au cycle des saisons, comme dans les premiers romans de Germain, la notion de temps revêt un sens bien particulier dans *Le soleil se lève au Nord*, car elle s'inscrit dans le même paradigme que l'espace, soit le paradigme nature/civilisation. Ainsi, l'idée que les personnages se font du temps, dans ce roman, diffère selon qu'ils viennent de la ville ou du Nord. C'est effectivement le cas dans la scène où Germain décrit le réveil de Marc, après sa première nuit passée à Constance Lake :

> Marc s'éveilla le lendemain à l'odeur alléchante du café qui bout. [...] Il sauta hors du lit.
>
> « Bonjour ma tante. » [...]
>
> Elle lui sourit en lui tendant une tasse de café.
>
> « Jim et Éric sont venus voir si tu voulais aller à la pêche. Tu dormais trop bien. Je t'ai laissé dormir. »
>
> Il consulta sa montre et constata qu'il n'était que huit heures quinze. Décidément, on se levait tôt dans ce pays si sa tante considérait qu'il avait fait la grasse matinée. (*SN*, p. 21)

C'est donc toute une surprise pour Marc que ce premier contact avec l'horaire des gens du Nord. Mais ce n'est rien en comparaison de ce qui l'attend par la suite, car tout au long des premiers chapitres, ses repères temporels sont sans cesse remis en question par cette nouvelle grille horaire. Ainsi, il s'étonne d'apprendre que Jim et Éric font la sieste en plein jour, mais qu'ils guettent les outardes jusque tard en soirée :

> Marc entrevit à quel point ses nouveaux amis modelaient le rythme de leur vie sur celui de la nature; ils allaient à l'école quand la saison n'était propice à rien, mangeaient quand ils avaient pris du poisson et dormaient aux heures où la pêche rendait mal. Plus tard, il allait aussi apprendre qu'ils pouvaient passer des nuits blanches pour profiter d'un frai ou chasser jusqu'aux limites de la clarté quand ils tenaient une piste prometteuse, quitte à rentrer en pleine obscurité. Pour lui, c'était une vraie révélation. Il était habitué aux horaires inflexibles des écoles, des magasins, des lieux de travail et des autobus et trouvait en même temps délicieuse et sacrilège l'idée qu'on puisse s'astreindre à un autre calendrier et à une autre horloge que ceux qui régissent les activités d'une grande ville. (*SN*, p. 34)

S'il surprend d'abord Marc, sa gestion du temps reposant jusque-là sur des paramètres « urbains », le rythme du Nord lui paraît cependant si naturel qu'il s'y fait sans problèmes : « D'instinct, il adoptait la philosophie du moment présent que professait sa nouvelle famille. » (*SN*, p. 79)

Plus flexible que celui de la ville, le rythme de la Nature n'a cependant rien à voir avec l'oisiveté. Notre jeune apprenti le constatera bien vite en côtoyant son oncle :

> Le jeune homme songea qu'il [...] [n']avait jamais vu [son oncle] perdre plus de dix minutes d'affilée. Il était toujours en mouvement, occupé à préparer, réparer, confectionner, planifier ou organiser quelque chose. Instinctivement, il le compara à son père qui passait des heures assis devant un journal qu'il ne lisait même pas. Lui-même, en ville, restait des soirées entières devant la télévision et gaspillait le plus clair de ses vacances à se demander ce qu'il pourrait bien faire. Dieu merci, il n'avait plus ce dilemme depuis septembre. (*SN*, p. 94)

Plus serein et plus harmonieux que celui de la ville, le rythme de la Nature est donc plus fécond, en termes de travail et de créativité, que l'horaire régissant l'activité urbaine.

S'il est privé des repères chronologiques de la civilisation (dates et heures), le calendrier de la forêt n'est donc pas primitif pour autant, en dépit de ce que sa composante cyclique peut donner à penser. En effet, dans *Le soleil se lève au Nord*, le temps se décline en des saisons qui opèrent un cycle plutôt que de s'inscrire dans la durée. Ainsi, lorsque Marc arrive dans le Nord, le lecteur apprend qu'il le fait en automne, grâce à cette description d'une promenade en forêt :

> Il sortit et l'air frais du matin le frappa au visage. Il était pur et pourtant chargé de ces milles odeurs qu'on retrouve toujours en forêt, celles du sapin, des feuilles mortes, du bois en décomposition, de la terre humide. Aux endroits où le soleil n'avait pas encore pénétré, une petite gelée blanche s'agrippait encore

> au feuillage des fougères. Sur son passage, il reconnut des trembles dont les feuilles jaunissaient déjà, des bouleaux, quelques sapins mais surtout des épinettes. (*SN*, p. 23)

Le choix de ce type de repères temporels permet de montrer combien les personnages du *Soleil se lève au Nord* vivent au rythme de la Nature et accordent leurs activités au cycle des saisons comme ce sera le cas de Marc, à mesure qu'avancera le temps :

> Septembre s'acheva, puis octobre. Marc participa à quatre autres expéditions sur la rivière et, vers la mi-novembre, à une expédition sur terre, ou plutôt sur neige. Il apprit la technique du *call*, qui devint bientôt inutile, la saison du rut étant terminée. Il s'initia également à la conduite du moteur hors-bord et, plus tard, de la motoneige. (*SN*, p. 77)

> Au début du mois de décembre, la saison de chasse terminée, son oncle annonça qu'il allait maintenant se mettre à trapper. Il offrait à son neveu de l'accompagner. Marc accueillit la proposition avec enthousiasme... (*SN*, p. 80)

Marc s'habitue si bien à vivre au rythme des saisons qu'il en vient presque à oublier le calendrier qui régissait jadis son existence : « Les fêtes dont Marc avait redouté la venue, étaient en fait passées presque inaperçues. » (*SN*, p. 116) Ainsi, on le voit, ceux qui vivent au rythme de la nature ne se portent pas plus mal que les autres.

Évidemment, il arrive parfois qu'ils doivent se plier à d'autres impératifs temporels que ceux de la Nature. À preuve, l'accident d'oncle Édouard, qui vient instaurer une rupture dans ce cycle naturel, puisque le narrateur précise qu'il survient un 13 mars. (*SN*, p. 119) Le lecteur apprend aussi que son sauvetage — Marc le transporte du camp de trappe à la réserve — dure toute une journée et toute une nuit :

> Combien de temps dura cette macabre course dans la nuit? [Marc] n'aurait pu le dire. Plus tard, Jim l'assura qu'il avait frappé à sa porte à cinq heures dix le matin du 14 mars. Il était temps. Marc n'avait pas dormi ni mangé depuis plus de vingt heures. Seul, il avait fait face au pire drame de sa courte existence, avait côtoyé la mort et lui avait arraché un homme. (*SN*, p. 131)

L'accident interrompt temporairement le travail imposé par le rythme des saisons. Toutefois, Marc retrouve cette union avec la Nature lorsqu'il se remet à la trappe :

> Les derniers jours de mars s'écoulèrent [...] dans le labeur incessant des tournées suivies de longues séances d'écorchage. Le trappeur pouvait juger du déclin de l'hiver par le poil moins soyeux qui se détachait plus abondamment des fourrures. De plus, les journées s'allongeaient et les pistes, dures comme le roc le matin, mollissaient en après-midi. Bientôt, elles commenceraient à défoncer sous son poids. Il était temps de ramasser les pièges. (*SN*, p. 156)

Bref, dans *Le soleil se lève au Nord*, c'est presque toujours le temps de la Nature qui domine la vie des personnages. Et quand le rythme de la vie civilisée s'immisce dans cet éden temporel, la Nature finit toujours par rétablir l'harmonie temporelle qui lui est inhérente.

Personnages

Dans ce roman, Doric Germain ne se confine plus à des personnages masculins puisque la gent féminine fait une apparition remarquée. Certes, le personnage principal reste un homme, un jeune homme ici alors que les deux autres romans mettaient en scène des adultes. Certes, Marc Bérard entretient un lien privilégié à la fois avec son oncle Édouard et ses neveux amérindiens, Jim et Éric. Toutefois, la tante Rosa et Mona ne sont pas de simples figurantes. D'autres personnages apparaissent de temps en temps, tels que les parents de Marc et le frère de Rosa, mais ne jouent pas pour autant un rôle accessoire. Ainsi, les personnages de ce roman s'inscrivent dans un monde familial où les rapports interpersonnels sont déterminés par le sang.

MARC BÉRARD

Personnage principal du *Soleil se lève au Nord*, Marc Bérard est un jeune citadin venu d'Ottawa, qui décide de rejoindre son oncle et sa tante, dans le Nord de l'Ontario, suite au décès de sa mère. Pour bien comprendre ce personnage, il faut absolument tenir compte de l'évolution qu'il subit tout au long de l'intrigue, car à la fin du roman, il devient un tout autre homme. Lorsqu'il quitte Ottawa, Marc est un jeune homme profondément blessé par la vie. Sa mère venait de mourir « à la suite d'une longue maladie » (*SN*, p. 17). Il avait bien cherché, suite à ce décès, « à se rapprocher de son père. Mais celui-ci, déjà porté au découragement, s'était complètement effondré. Les médecins avaient diagnostiqué une dépression et l'avaient hospitalisé. Ils s'étaient montrés peu optimistes quant au pronostic » (*SN*, p. 17). Marc s'était donc retrouvé seul avec sa douleur, sans secours parental. Sa vie devient un véritable cauchemar duquel il ne peut échapper qu'en quittant le foyer familial :

> Pendant deux mois, il avait vécu comme dans un mauvais rêve. Il dormait mal, n'avait de goût pour rien et devenait de plus en plus solitaire. Il avait goûté à la drogue mais n'avait trouvé qu'un soulagement passager suivi d'un réveil brutal à la réalité. Il avait l'impression de sombrer dans le découragement, que la vie n'avait plus rien à lui offrir. D'instinct, il savait que seul un immense effort le sauverait. Il eut l'idée de partir, de s'évader. (*SN*, p. 17-18)

Le personnage de Marc se présente donc au lecteur comme un orphelin accablé par le deuil et la souffrance. Il présente néanmoins une force de caractère impressionnante, car il songe à quitter son foyer pour s'extirper de sa torpeur. C'est à ce moment qu'il pense à son oncle Édouard, « le frère de sa mère et son seul parent » (*SN*, p. 18), cet homme qui habite le Nord de l'Ontario et que Marc n'a pas vu depuis plusieurs années, à cause de « la rupture entre lui et sa sœur. » (*SN*, p. 18) Marc décide de lui écrire et reçoit bientôt une invitation de sa part à s'installer chez lui, tout près de la réserve amérindienne de Constance Lake. Il hésite d'abord, puis se décide enfin à partir malgré les peurs qui l'assaillent :

> En y songeant, le pauvre enfant laissa couler quelques larmes [...]. Puis sa pensée se tourna vers l'avenir et l'angoisse lui noua la gorge. Quelle serait sa vie dans ce recoin perdu de forêt? Réussirait-il à s'y faire?
>
> Il essaya de s'autosuggestioner à l'optimisme. Après tout, il était jeune, vigoureux et en excellente santé. Sa tante lui avait paru gentille. Son oncle serait bientôt là. [...]
>
> «Je m'adapterai, pensa-t-il. Ce n'est qu'un effort à faire.» (*SN*, p. 18-19)

Les détails de ce passage en disent long sur l'état de Marc au moment de son arrivée dans le Nord. Si l'auteur parle de lui comme d'un «pauvre enfant» pétri d'angoisse face à son destin, il insiste néanmoins sur le fait que Marc possède toutes les qualités — jeunesse, santé et vigueur — pour prendre sa vie en main. Bref, qu'il n'en tient qu'à lui de devenir un homme plutôt que de demeurer le «pauvre enfant» qu'il est alors. C'est d'ailleurs ce à quoi aspire Marc, dès le jour où les gens de son entourage se mettent à le traiter en «homme». Sa tante Rosa est la première à le faire, lorsqu'elle dit qu'elle «aime ça un homme qui mange bien» (*SN*, p. 15) en le voyant dévorer l'outarde qu'elle lui a préparée. Marc est alors envahi par un sentiment de fierté qu'il n'avait jamais ressenti jusque-là : «[Rosa] avait trouvé une corde sensible. À dix-sept ans, on aime toujours se faire appeler un homme et, fils unique, Marc avait plutôt toujours été traité en bébé. Il eut l'intuition que peut-être, malgré tout, il pourrait se plaire ici.» (*SN*, p. 15)

Or, pour réellement devenir un homme, il faut passer par un rituel qui comprend diverses étapes : apprentissage du tir à la carabine, de la chasse à l'original, de la trappe, etc. Et Marc les franchira une à une en compagnie de son oncle, pour ensuite devenir peu à peu cet « homme », comme en atteste sa métamorphose tant sur le plan physique que psychologique :

> Ses muscles durcissaient et se gonflaient sous sa peau. [...] D'enfant potelé, il devenait un homme musclé ; de bébé gâté, il devenait un adulte responsable et, de citadin douillet, il devenait un infatigable coureur des bois. (*SN*, p. 78)

> Il avait l'impression de se découvrir, de renaître à la vie. Il prenait conscience que la vie aussi constitue une école qui lui permettait d'accéder à un autre type de connaissances, moins théoriques, mais tout aussi valables. (*SN*, p. 79)

> Il prenait plaisir à vivre dans le dénuement, à affronter les difficultés imprévues et à en triompher. Ces victoires sur lui-même lui procuraient plus de contentement et de paix qu'il n'en avait éprouvé depuis bien longtemps. (*SN*, p. 79)

Le passage de l'enfance à la vie adulte entraîne donc, chez Marc, une panoplie de métamorphoses qui le font passer de la noirceur à la lumière et de la souffrance à l'harmonie spirituelle. Et c'est de cette évolution qu'il faut tenir compte si l'on veut bien le décrire, car le Marc d'avant le Nord n'a rien à voir avec celui qu'on observe à la fin du roman.

PARENTS DE MARC BÉRARD

Dans la première partie de l'existence de Marc, celle d'avant le Nord, ses parents lui inculquent des valeurs qui éclairent bien des comportements du jeune homme, à son arrivée à Constance Lake. Étonnamment, le roman contient à peine quelques passages qui les concernent, dans lesquels ils servent d'ailleurs bien souvent de faire-valoir à Édouard et à Rosa. Si l'on apprend, par exemple, que Marc fut incommodé toute sa vie par la «misanthropie de son père» et la «nervosité de sa mère» (*SN*, p. 80), c'est qu'il songe en même temps au calme qu'il ressent aux côtés de son oncle et de sa tante. Il est rare que Germain parle des parents de Marc, auxquels il ne donne même pas de noms, comme s'il voulait témoigner, par leur manque de présence dans le livre, de leur absence dans la vie de leur enfant.

Les relations entre le père et le fils se ressentent de l'apathie qui accable le père : après avoir essayé sans succès de rétablir le dialogue avec lui, suite à la mort de sa mère, Marc vivra le deuil symbolique de son père en même temps qu'il quittera Ottawa. La réaction qu'il aura, un an plus tard, quand Rosa viendra lui annoncer son décès en témoigne :

> Du coup, il demeura immobile, le souffle coupé. Puis il voulut tout savoir, quand c'était arrivé, comment, qui avait apporté la nouvelle. Sa tante lui montra la lettre qu'ils avaient reçue. Son père était mort d'un infarctus et déjà enterré. Personne ne pouvait plus rien pour lui.

> Marc était effondré. Il n'avait jamais été très près de son père et se reprochait maintenant de ne pas l'avoir tenu en très haute estime et de l'avoir abandonné à son sort. Ce qui le désolait, c'était plutôt un sentiment de culpabilité qu'une peine véritable devant la disparition de cet être si proche et pourtant si lointain qui avait vécu sa vie comme si elle eut été un mensonge auquel on devait faire semblant de croire. (*SN*, p. 149-150)

Avec la culpabilité, c'est la conscience plus que le cœur qui est sollicitée. Rien d'étonnant à cela, cependant, quand on sait qu'entre Marc et son père, il n'existait pas de liens affectifs authentiques.

Des relations entre Marc et sa mère, on sait peu de choses, si ce n'est qu'elles étaient plus signifiantes sur le plan affectif que ne l'étaient celles qu'il entretenait avec son père. En effet, l'auteur nous apprend, dès le début du roman, que Marc fut « blessé au plus profond de lui-même » (*SN*, p. 17) par la mort de sa mère. Sinon, la description de ce personnage se limite à quelques rares indices disséminés dans le texte, notamment lorsque Marc se remémore que sa mère avait un frère :

> Tout ce qu'il savait de lui, c'est qu'il vivait quelque part dans le nord de l'Ontario et qu'il avait épousé une autochtone, ce qui avait accentué la rupture entre lui et sa sœur, citadine jusqu'au bout des ongles. Elle ne se serait certainement pas abaissée à visiter celle qu'elle appelait avec mépris « l'Indienne ». (*SN*, p. 18)

Ainsi, la mère de Marc, tout comme son père, présente des traits négatifs — racisme, intolérance et fermeture d'esprit. Par contre, Édouard et Rosa accueillent leur neveu à bras ouverts sans lui garder rancune du mépris de sa mère.

L'attitude des parents de Marc teinte sa vision du monde, du moins jusqu'à son arrivée dans le Nord. S'il est vrai qu'il n'a pas, par exemple, « le racisme de sa mère » (*SN*, p. 18), comme le fait remarquer Germain, il faut néanmoins avouer qu'il adopte le regard condescendant du citadin sur le Nord, pendant les premiers jours de son séjour à Constance Lake. De même, s'il n'est pas apathique comme son père, il a néanmoins hérité de lui sa sédentarité, ce qui rendra son acclimatation dans le Nord difficile. Sa vision du monde sera cependant transformée au contact de son oncle et de sa tante.

ONCLE ÉDOUARD ET TANTE ROSA

Les personnages d'Édouard et de Rosa jouent un rôle beaucoup plus important que les parents de Marc dans *Le soleil se lève au Nord*. L'auteur leur consacre d'ailleurs de nombreux passages du roman. Rosa rencontre Marc la première. La description qu'en fait Germain lorsqu'elle accueille le jeune homme à son arrivée marque le contraste d'avec sa mère : « Une grosse femme basanée lui ouvrit. Elle portait un tablier par-dessus sa robe rouge vif. Ses cheveux étaient relevés en chignon et elle souriait de toutes ses dents. [...] Son anglais était chantonnant, un peu nasillard et pas tout à fait correct. Elle avait un air jovial. » (*SN*,

p. 10-11) Le vocabulaire associé à Rosa appartient au registre du bonheur et de la lumière : le teint basané, l'opulence, la robe rouge, le sourire, le ton chantant. Tout chez Rosa contribue à créer une impression de luminosité, présente également dans la description de son mari, ce colosse «grand et large d'épaules, à l'abondante chevelure rousse» (*SN*, p. 18), que Marc reconnaît tout de suite en l'apercevant : «Son oncle était rentré. Marc le reconnut sans peine. Un grand et solide gaillard à la chevelure flamboyante, la chemise largement ouverte sur une poitrine velue, qui l'accueillit la main tendue, le sourire aux lèvres.» (*SN*, p. 39)

Dès l'abord, les personnages d'Édouard et de Rosa sont liés à des valeurs positives, auxquelles bientôt se greffe leur amour de la Nature, valeur par excellence du roman. Il s'agit d'ailleurs d'une dimension marquante de ces deux êtres, dont les relations avec leur neveu sont teintées par leur culte de la Nature. Dans l'épisode du roman où Marc parle de fréquenter l'école du district, à son arrivée dans le Nord, l'oncle Édouard se fait alors «évasif» (*SN*, p. 40) puis lui propose de le suivre à la chasse, en lui disant ceci :

> T'as pas besoin de décider tout de suite comme ça pour le reste de ta vie. Penses-y. Prends ton temps. Ça serait pas mal que tu te changes les idées. Accompagne-moi au moins une fois pour voir si t'aimes ça. C'est pas toujours facile, tu sais. Ensuite tu prendras ta décision. L'école sera encore là la semaine prochaine. (*SN*, p. 40-41)

Ici, l'amour de la nature inspire une certaine réserve par rapport aux valeurs de la civilisation. S'il ne condamne pas ouvertement l'école, l'oncle Édouard relativise cependant son apport en laissant entendre à Marc qu'il existe d'autres sources d'apprentissage tout aussi valables. De fait, lors de son séjour en forêt, Marc noue une relation « pédagogique » avec son oncle, qui tente de lui léguer son propre savoir : « [Marc] acquérait d'autres connaissances […] que son oncle s'efforçait de lui inculquer, soit qu'il reconnût en lui un successeur, soit qu'il appréciât simplement son aide et sa compagnie. Avant la fin de la saison de la chasse, ils étaient devenus une paire d'amis. » (*SN*, p. 77-78)

Au fil du temps, Marc acquiert, auprès de son oncle, bien plus que des connaissances pratiques. Édouard lui lègue ses traits de personnalité et partage avec lui sa vision de la vie. Fort de sa sagesse et de son expérience, il lui enseigne l'humilité face à la Nature et le respect de ses lois. Car pour lui, la chasse exige un bon sens des valeurs, comme il l'explique à Marc, quand ce dernier prend la défense de tous ceux qui militent contre la traite des fourrures :

> « Voyons don ! C'est la nature qui est faite comme ça. Les mulots mangent des graines. Les belettes attrapent les mulots. Les renards pis les loups mangent les belettes, pis nous autres on prend les loups, les renards pis les belettes. On élève des veaux, des poules pis des cochons exprès pour les manger. Pourquoi ça serait pas pareil pour les animaux sauvages ?

Pis la pollution, ça en tue pas d'animaux sauvages ça, tu penses? Les bateaux pleins d'huile qui défoncent sur les roches, la fumée des usines qui tue même les arbres. Y'a probablement plus d'animaux tués par les voitures que par les trappeurs. Mais, quand c'est les gens des villes qui le font, ça c'est normal, c'est permis! [...] Si y'a quelqu'un qui nuit à la nature, j'ai pas l'impression que c'est nous autres les trappeurs. Ça fait des siècles qu'on trappe pis qu'on chasse pis les animaux sont encore là. S'agit juste d'être raisonnable. Les Indiens ont toujours su ça. Y serait grand temps que les Blancs l'apprennent. On peut vivre de la nature à condition de vivre avec elle. On peut attraper un certain nombre d'animaux sans que ça paraisse. Le problème c'est quand on veut tout prendre en même temps.» (*SN*, p. 98)

Chez l'oncle Édouard, le culte de la nature s'accompagne d'une réflexion éthique à laquelle Marc était loin de s'attendre de la part de cet homme «primitif». Or, à force de côtoyer Édouard, tout comme sa femme d'ailleurs, Marc comprend bientôt que la simplicité de leurs mœurs vient de leur conception de la vie plutôt que d'un manque d'envergure :

Le flegme imperturbable de sa tante, la sérénité bourrue de son oncle, il s'en imprégnait et, par une sorte d'osmose, les faisait siens. Après des années de contact avec la misanthropie de son père et la nervosité de sa mère, cette tranquillité d'esprit lui libérait l'âme. C'était le calme plat après le blizzard. (*SN*, p. 80)

En entrant en relation avec son oncle et sa tante, Marc acquiert une toute nouvelle vision du monde, qui est l'exact contraire de celle que lui avaient léguée ses parents. Ce sera d'ailleurs le cas pour toutes les relations qu'il va nouer avec les gens du Nord.

LE FRÈRE DE ROSA

S'il n'apparaît qu'une seule fois dans l'intrigue, ce personnage est cependant digne de mention en raison de ce qu'il nous apprend sur Marc. Le frère de Rosa est la première personne que Marc rencontre à son arrivée dans la Nord puisqu'il est chargé d'accompagner le jeune homme chez son oncle. L'attitude condescendante de Marc à son égard est révélatrice de son refus de l'Autre et de sa différence (*SN*, p. 9). En face d'un Amérindien, il remet tout en question, sauf sa propre vision du monde. Mais cela va changer au contact de la nature et d'Édouard.

JIM ET ÉRIC

Jim et Éric sont les neveux de Rosa, donc les fils de l'Amérindien qui accueille Marc à Hearst. Marc les rencontre pour la première fois lors d'une partie de pêche à laquelle l'invitent les deux garçons. La scène a lieu alors qu'il vient tout juste d'arriver dans le Nord, avant même qu'il ait revu son oncle. Grâce aux indications de sa tante, il se rend d'abord à leur domicile, situé dans le périmètre de la réserve de Constance Lake :

> Marc reconnut tout de suite des Amérindiens : cheveux noirs et raides, yeux sombres et peau brune. Ils étaient vêtus de chemises à carreaux et de pantalons de lainage et portaient des casquettes à visière et des

> bottes de caoutchouc. Le plus vieux répondait au nom
> de Jim et pouvait avoir dix-huit ans. Rien qu'à le re-
> garder, Marc devina combien il devait être costaud. Le
> deuxième, au contraire, était maigre et élancé comme
> un gamin qui a grandi trop vite. Marc lui donna treize
> ou quatorze ans et sut bientôt qu'il s'appelait Éric.
> Tous deux souriaient abondamment. (*SN*, p. 24)

Outre la stature de Jim, qui souligne la distance entre l'enfant de la Nature et le citadin, Marc ayant à peu près le même âge que lui sans en avoir le physique, c'est le sourire des deux Amérindiens qui demeure le trait le plus intéressant de cette description. Se remémorant le sourire de Rosa, à son arrivée chez son oncle, Marc se fait cette réflexion en apercevant les deux jeunes hommes : « Ça doit être un trait de famille [...]. Tout le monde sourit toujours ici. » (*SN*, p. 24) Quoi qu'il en soit, ce sourire met Marc à l'aise, et c'est en partie avec Jim et Éric qu'il s'ouvre aux aspects positifs de la vie dans le Nord. Témoin, la nouvelle attitude qu'il adopte quand il entend parler les deux Amérindiens :

> Marc remarqua à nouveau cette intonation chantante
> des Amérindiens, cet accent nasillard et ces phrases
> courtes où la grammaire est réduite à sa plus simple
> expression. Il s'avisa que, pour eux comme pour lui,
> l'anglais était une langue seconde qui emprunte cer-
> tains éléments à la première. (*SN*, p. 25)

Ici, Marc tente de se mettre à la place de l'Autre. Plus loin, il parvient même à comprendre que la différence représente une force autant qu'une lacune, lorsqu'il constate à quel point les qualités des habitants du

Nord lui font défaut. En effet, il arrive difficilement à suivre ses deux amis lorsqu'ils marchent en forêt (*SN*, p. 26) et se sent mal à l'aise en canot : « Le jeune citadin n'osait bouger de peur de faire chavirer le frêle esquif dont il sentait l'équilibre précaire. Ses compagnons par contre plaisantaient et gesticulaient tout à leur aise. » (*SN*, p. 27) En dépit du malaise qu'il suscite chez Marc, cet épisode demeure donc positif, car c'est en compagnie des deux jeunes Amérindiens qu'il commence à s'ouvrir à l'Autre.

MONA

S'il revêt moins d'importance dans le récit que celui d'Édouard, le personnage de Mona — la sœur de Jim et d'Éric — est néanmoins un des plus marquants du roman, du moins aux yeux du jeune Marc, qui en devient amoureux. Il voit Mona pour la première fois quand il rencontre ses frères pour aller à la pêche :

> Marc aperçut une fille de quinze ou seize ans sortie sans bruit derrière lui. Elle avait les cheveux nattés et portait une robe à motifs fleuris. Il la trouva jolie avec ses cheveux noirs et sa peau cuivrée. Mais il se sentit gêné devant l'insistance de son regard sur lui. La curiosité évidente avec laquelle elle le dévisageait le mettait mal à l'aise. (*SN*, p. 25-26)

Si Marc se sent intimidé par la jeune Amérindienne, c'est qu'il n'est encore qu'un enfant. Il lui faudra surmonter des épreuves et « devenir un homme » pour que ses sentiments à l'égard de Mona se dévoilent. Leur relation prend d'ailleurs un tour différent dès que Marc commence à faire l'apprentissage de la vie, aux côtés de son oncle. Ainsi, le lecteur sent déjà poindre l'intérêt du jeune homme pour Mona, quand elle lui offre un cadeau à Noël et qu'il lui rend la pareille :

> Aux yeux des proches, ce simple échange de cadeaux prit l'allure d'une déclaration. Son oncle disait à Marc en parlant d'elle «ta blonde» et sa tante «your girl». Marc protesta faiblement les premières fois puis accepta en se disant qu'il ne leur en fallait pas beaucoup pour sauter aux conclusions. (*SN*, p. 117)

S'il se garde bien de donner raison à sa famille, à ce stade de l'intrigue, Marc change cependant bientôt d'avis à propos de ses liens avec Mona. Quand il revient en «ville», suite à l'accident de son oncle, il ne peut réprimer une «lueur d'intérêt» (*SN*, p. 151) en entendant sa tante lui confier que Mona demande à le voir. Et quand il la retrouve, c'est à peine s'il peut se contenir. L'épisode où les frères de Mona la taquinent pour avoir offert à Marc «des bas de laine et un foulard qu'elle avait tricotés» (*SN*, p. 154) le montre bien : «Elle baissa les yeux, timide. Sa peau brune à elle ne rougissait pas, mais celle de Marc prit une teinte nettement plus colorée. Il balbutia un court "bonsoir" et s'en fut dans la nuit, le cœur léger.» (*SN*, p. 154-155)

Dès lors, l'intérêt de Marc pour Mona s'accroîtra jusqu'à l'apothéose du dernier chapitre, dans lequel la jeune fille l'accompagne en forêt pour aller «fermer» le camp de son oncle. L'empressement de Mona à l'égard de Marc révèle les sentiments qu'il éveille en elle, alors que celui-ci aimerait bien trouver grâce à ses yeux (*SN*, p. 158-159). Bien qu'aucun des deux ne passe aux aveux, il est évident que Marc et Mona s'expriment mutuellement leur affection, en voulant prolonger les moments passés ensemble :

> Pendant qu'elle faisait la vaisselle et l'emballait en prévision du départ, il remplaça la pièce défectueuse de la motoneige — un jeu d'enfant auquel il réussit à consacrer plus d'une heure. Vers quatorze heures, ils auraient pu charger les traîneaux et repartir. Ni l'un ni l'autre n'en avait envie. Marc s'attardait, trouvait autre chose à faire. Mona faisait encore du thé. (*SN*, p. 160)

Outre qu'il soit l'œuvre du temps, ce rapprochement vient du fait qu'en devenant chasseur et trappeur, Marc partage les valeurs de Mona, pour qui ces deux métiers préservent le cachet de noblesse des coutumes ancestrales chères aux Amérindiens :

> La chasse, la trappe, c'était le métier de son père, de son frère et d'une bonne moitié de sa tribu. Plusieurs femmes s'y adonnaient et presque toutes en tiraient profit par la confection de mitaines, de mocassins, de raquettes ou de souvenirs destinés aux touristes. (*SN*, p. 161)

Édifiés sur de telles bases, les liens qui unissent Marc et Mona promettent donc d'être solides. Ce passage sur lequel se conclut le roman en témoigne :

> Ils se couchèrent tard, Mona dans le sac de couchage de l'oncle Édouard, Marc dans le sien. De toute la soirée, il n'avait pas eu un geste qui puisse trahir l'envie qu'il avait d'elle. Il s'endormit, heureux comme un roi, en pensant que le temps viendrait, qu'elle était tout ce

qu'il pouvait souhaiter et qu'il n'aurait servi à rien de brusquer les choses. (*SN*, p. 162)

Ainsi, Mona joue-t-elle un rôle central dans l'intrigue du *Soleil se lève au Nord*. À travers elle, on peut observer la métamorphose de Marc, qui sait désormais faire preuve de patience et de sagesse, avec les femmes comme avec la Nature.

THÈMES

Chasse et pêche

Dans *Le soleil se lève au Nord*, les thèmes de la chasse et de la pêche revêtent beaucoup d'importance, surtout pour ce qu'ils nous disent sur Marc et son évolution, à partir du moment où il vit dans le Nord. En fait, Marc est présent à chaque fois qu'il est question de chasse ou de pêche dans le texte, ce qui montre à quel point sa trajectoire personnelle est liée à ces thèmes. Ainsi, les deux épisodes, celui de la pêche et celui de la chasse à l'outarde, du passage relatant l'excursion en forêt à laquelle Jim et Éric convient Marc, à son arrivée dans le Nord, illustrent la distance entre Marc et ses deux jeunes amis. Lors de la partie de pêche, les deux jeunes Amérindiens font preuve d'une agilité et d'habiletés qui font défaut au Blanc :

Sans perdre un instant, ses compagnons tirèrent un canot des broussailles et après l'avoir remis à l'endroit, le poussèrent à l'eau. Puis le plus jeune prit place à l'avant, les jambes repliées sous lui, assis sur

> ses talons. Jim fit signe à Marc qui l'imita et vint d'un pas mal assuré s'installer au milieu de l'embarcation. D'une longue enjambée, Jim les rejoignit, poussant du même coup le canot vers le large. Empoignant un aviron, Éric fit tourner l'embarcation sur elle-même et lui imprima un élan qui l'éloignait du rivage. (*SN*, p. 27)

En effet, quand vient le tour de Marc d'avironner, il croit avoir bien observé les mouvements de ses deux camarades et pouvoir les imiter. Il est rapidement détrompé :

> Ce n'était pas si simple. En dépit de ses efforts, l'embarcation tournait en rond, ce qui avait pour effet de laisser les cuillers presque immobiles. Alors, elles coulaient à pic et raclaient le fond. Jim et Éric repêchèrent ainsi plusieurs branches et ramilles avant que le nouveau barreur n'apprenne à aller droit. (*SN*, p. 31)

Les habiletés de Marc en canotage, de même que son assurance en tant que rameur, sont loin d'égaler celles des Amérindiens, tout comme d'ailleurs ses talents de pêcheur :

> Marc sentit sa ligne se raidir tout à coup, si brusquement qu'il en échappa le rouleau. Le geste qu'il posa pour le rattraper fit tanguer l'embarcation. [...] Les deux autres observaient ses gestes, l'air incrédule, et prodiguaient des conseils. [...] Bientôt sa prise fit surface : une grosse branche noire et visqueuse. Il avait l'air si déçu que ses deux compagnons ne purent s'empêcher d'éclater de rire. (*SN*, p. 28)

Chez Jim, tout dénote au contraire une longue expérience de la pêche, comme le fait qu'il puisse dire avant même d'avoir vu sa capture qu'il s'agit d'un doré, grâce à son seul mouvement au bout de la ligne (*SN*, p. 29) :

> Dix minutes plus tard, Jim annonça qu'il avait une prise, une vraie celle-là, ajouta-t-il en clignant de l'œil. [...] Tout en parlant, il enroulait sa ligne sans hâte mais en gardant la tension constante. C'était bel et bien un doré. Marc se demanda comment on le hisserait à bord vu qu'on n'avait pas d'épuisette. Mais son compagnon connaissait une autre technique. Tenant sa ficelle d'une main, il tendit l'autre par-dessus bord et, lui enfonçant le pouce et le majeur dans les yeux, il tira le poisson frétillant hors de l'eau. D'un geste désinvolte, il le décrocha et le laissa tomber au fond du canot. (*SN*, p. 29-30)

Cette initiation à la pêche lui permet d'amorcer sa «réconciliation» avec la Nature dans laquelle il découvre une mère nourricière : «Marc songea que le dîner n'avait coûté que deux sachets de thé et quelques pincées de sel.» (*SN*, p. 33)

Tout comme l'épisode de la pêche, la chasse à l'outarde continue de mettre Marc à l'épreuve. S'il se dispense cette fois de manier le fusil, il doit cependant suivre ses amis qui décident de traquer ces oiseaux, mettant à profit leurs connaissances de la nature et du comportement des bêtes :

> Le canot immobilisé et les lignes rentrées, ils étudiaient le vol des grands oiseaux. Les outardes descendaient, mais à la vue du canot et de ses occupants, elles redoublèrent leur cacassement, reprirent de l'altitude et passèrent outre. [...] Les outardes étaient silencieuses tout à coup. L'occasion semblait propice mais ses deux compagnons attendaient toujours.

> Le soleil était couché et il commençait à faire vraiment froid, surtout au contact du sol. Marc avait vraiment hâte d'en finir. Il vit alors Jim se relever brusquement et tirer d'un seul geste continu. [...] Jim tirait sans interruption sauf pour recharger. Quand il s'arrêta enfin, il exultait. (*SN*, p. 35 et 37)

Ici, la patience et la capacité de Marc à garder son calme en tout temps sont deux qualités essentielles au chasseur.

Le segment du récit consacré à l'expédition de chasse dirigée par Édouard montre que ces qualités, encore absentes chez Marc, sont effectivement celles de tout bon chasseur. Dès le début de leur excursion, alors que Marc, son oncle et les touristes qu'ils accompagnent suivent la piste d'une proie, la patience du jeune homme est mise à l'épreuve : « L'aube trouva les quatre chasseurs embusqués près de la rivière. [...] Chacun s'était [...] installé de son mieux pour attendre. Assis sur une roche, les coudes posés sur les genoux, Marc se demandait ce qu'on attendait. » (*SN*, p. 50) Si l'attente semble déplaire à Marc, elle est néanmoins prolongée par son oncle, qui dirige les opérations. Ainsi, après qu'il ait « callé » l'orignal, « on attendit encore » (*SN*, p. 50) Une fois qu'il l'eut entendu lui répondre, « on se remit à attendre. Dix minutes passèrent encore », puis

> Marc crut entendre du bruit qui venait de la forêt en face, de l'autre côté de la rivière. Presque aussitôt, il perçut les éclaboussures dans l'eau. Tournant la tête, il aperçut un orignal qui traversait la rivière sur la gauche, hors de portée de carabine. L'animal disparut.

Au son, les chasseurs pouvaient suivre sa progression. Derrière eux, la forêt s'animait : des bruits de choc, des branches qui cassaient et des respirations bruyantes comme des râles. Le jeune homme avait les nerfs à fleur de peau. Son oncle lui fit signe de rester coi. (*SN*, p. 50-51)

À la chasse comme à la pêche, Marc garde difficilement son calme, contrairement à son oncle et aux neveux de Rosa. C'est qu'il n'a pas encore acquis cette expérience de la vie en forêt que son oncle s'efforce de lui transmettre dès cette première expédition. En effet, l'oncle Édouard possède une telle expertise en matière de chasse qu'il arrive à décrire un combat entre deux orignaux, en portant attention à de petits détails « anodins » : « la grosseur du sabot, la distance entre les empreintes, leur direction, etc. » (*SN*, p. 53) C'est ce savoir qu'il lègue à Marc, au cours de l'expédition, mais surtout lors de la saison de la trappe, pendant laquelle le jeune homme le seconde dans sa tâche. De fait, cette partie du roman regorge de descriptions des outils et techniques employés pour chasser le gibier en hiver :

Pour piéger le castor, il s'agissait d'abord de trouver les barrages et les huttes, d'en localiser la porte d'entrée, toujours située sous l'eau, et d'y placer un piège. Celui-ci était constitué de deux tiges de métal recourbées, reliées entre elles par un fort ressort qu'on tendait en écartant les tiges. Un mécanisme simple mais ingénieux maintenait le piège en position ouverte. Sensible au moindre choc, il permettait aux tiges de se refermer brusquement lorsque l'animal entrait ou sortait de son logis. Placé directement dans l'ouverture de la cabane, le piège happait le castor par la tête, le cou ou la poitrine. Il lui broyait le crâne et l'étouffait promptement. (*SN*, p. 100)

Si ce passage décrit le savoir nécessaire pour se débrouiller en forêt et pratiquer la trappe, d'autres illustrent la complexité de ce type de chasse :

> Le premier problème, c'était de retrouver les pièges. Il y en avait une cinquantaine par circuit, plus de deux cents en tout. Même avec une mémoire d'éléphant, impossible de se rappeler exactement où chacun avait été posé. Ils pouvaient se fier aux traces qu'ils avaient laissées mais souvent une neige fraîche ou la poudrerie les avait effacées. Pour cette raison, le trappeur avait toujours en sa possession un rouleau de ruban rouge. Il attachait un bout de ruban à un arbre à la hauteur des yeux, en bordure de la piste, à proximité de chaque piège. (*SN*, p. 104)

Certains autres passages du roman expliquent en détail le travail du trappeur, de la pose des cages à la récolte des captures (voir *SN*, p. 105), voire à l'art de récupérer leur peau et leur viande (*SN*, p. 106-107). La chasse n'est donc pas qu'une partie de plaisir. On a déjà vu, lorsque Jim et Éric chassent l'outarde, qu'elle peut être la source de grandes satisfactions, quand on sait surmonter les épreuves qu'elle réserve. L'oncle Édouard décrit d'ailleurs à merveille ces plaisirs de la chasse lors de l'expédition qu'il dirige à l'automne :

> Le plaisir c'est de marcher dans le bois, suivre une piste, attendre une réponse, voir des animaux sauvages. Des fois je me dis que la carabine, c'est rien qu'un prétexte pour vivre pendant quelques jours comme dans l'ancien temps. Quand j'étais jeune, la chasse c'était un mode de vie, une manière de se

> trouver à manger. Pour beaucoup d'Indiens, c'est en-
> core ça. Moi aussi, je gagne ma vie avec ça… Mais eux
> autres, les touristes ? (*SN*, p. 70)

La chasse revêt ici, comme toujours chez Germain,
une dimension mythique. L'imagerie présente dans
les romans de l'auteur se rattache donc au symbo-
lisme qui y est traditionnellement associé. En effet,
la chasse et plus particulièrement la quête du gibier
signalent d'habitude une quête spirituelle. Chez les
Amérindiens, dont s'inspire Germain, « la chasse
est une occupation de première importance : suivre
la piste de l'animal, c'est suivre la voie qui mène au
Grand Esprit[1]. » Elle est également l'occasion pour les
personnages de l'auteur franco-ontarien de croître et
de devenir véritablement des hommes. Aussi, comme
c'était le cas dans *La vengeance de l'orignal* et *Le trappeur
du Kabi*, le thème engendre un discours sur le sens
profond de la vie : qu'on pratique la chasse pour se
mesurer à la Nature ou pour assurer sa subsistance,
on subit invariablement un rite initiatique, comme
cela arrive à Marc.

Paradigme nature/civilisation

Quand on parle de chasse, la Nature est omniprésente
dans *Le soleil se lève au Nord*, où son influence positive
se fait sentir dans la vie de Marc. Tout comme dans les
premiers romans de Germain, elle se définit souvent

---

1. Jean Chevalier et Alain Gheerbrant, *Dictionnaire des
symboles. Mythes, rêves, coutumes, gestes, formes, figures, couleurs,
nombres*, éd. revue et aug., Paris, Robert Laffont, 1982, p. 213.

en fonction de la ville — ici le lieu d'origine du héros du roman — qui incarne son pendant négatif.

Dès le début du roman, dans lequel Marc découvre le Nord avec ses yeux de citadin, l'espace nordique associé à la nature s'oppose à celui du Sud rattaché à l'urbanité et conséquemment à la civilisation. En se rendant à Hearst, Marc observe une Nature qu'il juge « monotone, hostile, voire dangereuse » (*SN*, p. 8) et les seuls villages qu'il rencontre portent des noms dont les « consonances » lui semblent « barbares ». (*SN*, p. 8) En fait, le Nord lui paraît si « étrange » (*SN*, p. 7) qu'il songe à reprendre illico l'autobus en arrivant à Hearst : « Il eut la tentation d'acheter sur-le-champ son billet de retour. » (*SN*, p. 9)

S'il décide de rester, Marc fait cependant les mêmes constats au début de son séjour, à chaque fois qu'il compare le Nord et sa ville d'origine, Ottawa. Ainsi, quand il arrive chez son oncle, dont il est bien près de penser qu'il habite « au bout du monde » (*SN*, p. 10), le jeune homme est consterné par l'absence des commodités de la ville, telles l'électricité. Témoin, sa surprise quand sa tante lui demande d'allumer la lumière à la tombée du jour :

> Marc chercha du regard mais ne vit rien qui pouvait ressembler à une lampe. Rien sur les meubles. Pas de commutateurs aux murs. Sa tante fit un geste vers le plafond. Il leva les yeux et aperçut une lampe à l'huile suspendue juste au-dessus de la table. Une pensée fulgurante lui traversa l'esprit : « Ils n'ont pas l'électricité ! » Mais il se garda bien de tout commentaire

et décrocha la lampe puis l'examina un moment.
(*SN*, p. 12)

Du point de vue de Marc, il est impensable qu'on puisse vivre sans électricité ; de celui de Rosa, c'est plutôt de ne pas savoir manier une lampe à l'huile qui relève de l'exploit (*SN*, p. 12). Cette divergence de point de vue, qui fait naître un contraste entre ville et «campagne», ressurgit toujours dans les premiers échanges entre Marc et Rosa. Pour Rosa, sa vie en compagnie d'Édouard respire le confort, tandis que pour Marc, il s'agit d'un état primitif, comme l'illustre ce passage dans lequel il s'étonne que sa tante lui vante son domicile : «Marc comprit à quel point son évaluation des choses différait de celle de cette femme. À peine eût-il appelé cette cabane un camp… en se montrant généreux.» (*SN*, p. 13) En fait, la «cabane» de l'oncle Édouard et les lieux qui l'entourent sont dépeints de façon négative :

> Vers neuf heures trente, on se retira pour se coucher. Tante Rosa tira les rideaux et, pendant qu'elle soufflait la lampe, Marc s'étendit sur le lit de camp qui lui avait été assigné. En un clin d'œil, tout fut plongé dans une obscurité totale, envahissante et palpable. En ville, il y a toujours une source de lumière, un reflet quelconque. Mais ici, rien. Marc en fut presque effrayé. (*SN*, p. 17)

Ici, l'opposition ville/campagne sous-jacente aux échanges entre Marc et Rosa s'exprime sur le plan symbolique par le lien entre ville et lumière, entre campagne et obscurité. C'est l'inverse de ce qui arrive dans *La vengeance de l'orignal* et *Le trappeur du Kabi*.

Dans ce roman, les valeurs de Marc sont appelées à changer au contact de la Nature. Dès le second jour de son arrivée, Marc jette un autre regard sur les lieux qui l'entourent. S'il ne s'acclimate pas tout de suite à cet environnement, il l'apprécie toutefois davantage, lorsque, par exemple, il se promène en forêt : « Il sortit et l'air frais du matin le frappa au visage. Il était pur et pourtant chargé de ces mille odeurs qu'on retrouve toujours en forêt, celles du sapin, des feuilles mortes, du bois en décomposition, et de la terre humide. » (*SN*, p. 23) Ici, plutôt que de trouver des « lacunes » à la vie dans le Nord, Marc s'ouvre lentement mais sûrement aux beautés de la Nature. Le paradigme s'inverse donc à la faveur du Nord. La conversation qu'il a avec Jim et Éric, lors de leur partie de pêche, montre bien que l'école — la civilisation — incarne une valeur négative pour Jim et Éric :

> Depuis le matin, une question lui brûlait les lèvres. Il se risqua à la poser.
>
> « Vous allez jamais à l'école ?
>
> — Non, depuis deux ans », fit Jim fièrement.
>
> Éric prit un air coupable.
>
> — « Moi, j'y vas encore… des fois. Surtout de décembre à mars. Mais aujourd'hui, il fait trop beau. »
>
> Marc ne lui donna pas entièrement tort. (*SN*, p. 33)

S'il ne la condamne pas, comme le font ses amis, Marc accepte néanmoins, grâce à eux, cette idée que la vie dans la nature vaut la vie citadine. Quand il accompagne Édouard à la chasse, des souvenirs de sa vie précédente lui reviennent, mais les points de suspension laissent entendre qu'il préfère attendre l'orignal dans le bois : « Marc se prit à penser à la ville, se demanda ce que faisaient ses copains à cette heure-ci. Sûrement, ils devaient être en classe. Il entrevit la haute silhouette du professeur de mathématique qui alignait des chiffres au tableau... (*SN*, p. 58-59) Suite à cette expédition, au cours de laquelle la ville perd de son lustre, il se rapproche encore plus de la Nature, comme l'illustre ce rêve qui l'assaille au retour : « Marc rêva qu'il abattait des orignaux monstrueux au fond des forêts obscures et eut des visions de torrents impétueux qui broyaient de frêles esquifs. La ville s'estompait, même dans son subconscient. » (*SN*, p. 76)

En même temps qu'il apprivoise ainsi la Nature, Marc commence à remettre en question le monde civilisé. En discutant avec son oncle, il comprend que le monde « civilisé » nuit à l'équilibre de la Nature :

Marc pensait aux forêts de l'Amazonie en train de brûler et, avec elles, aux milliers d'espèces menacées d'extinction. Même tout près d'eux, il avait pu constater l'érosion dans ces bûchés où se pratiquait la coupe à blanc. Cette destruction systématique de l'habitat naturel des animaux, on la nommait développement ou progrès. Et dans un même souffle, on accusait la chasse et la trappe, des activités aussi vieilles que l'être humain lui-même et dont la nature a toujours su s'accommoder. De tout temps, l'être humain s'est placé au sommet de la pyramide des êtres vivants,

mais il faisait toujours partie d'elle. Et voilà qu'au
xxᵉ siècle, fort de sa technologie, il veut s'en séparer,
prétend n'avoir plus besoin de ses ressources et refuse
de lui rendre des comptes. (*SN*, p. 98)

Ici, on est bien loin du Marc qui geignait à l'idée
que son oncle et sa tante se privent d'électricité. En
vivant à leur manière, il choisit de nouvelles valeurs
à la place des anciennes. Il en est lui-même étonné
lorsqu'il se souvient « qu'il avait rêvé de devenir
annonceur à la télévision » alors qu'il se retrouve
plutôt « les manches relevées, dans le sang jusqu'aux
coudes » (*SN*, p. 138). Le jeune homme sent qu'il a ga-
gné à l'échange puisqu'il a le sentiment d'avoir acquis
une « immense contrée » dont il peut apprécier « la
valeur et l'harmonie ». Il est bien conscient que s'il a
père et mère, il a trouvé, chez son oncle et sa tante,
une famille plus équilibrée. Une conclusion s'impose
donc à lui : « Il avait sacrifié la vie trépidante de la
ville, et la vie plus austère de la forêt lui avait redonné
la paix. Il avait troqué le confort et le luxe contre la
liberté. » (*SN*, p. 138) Sa transformation est telle que
son culte de la nature remplace les croyances qu'il
avait héritées du monde civilisé :

Il se surprenait à admirer un matin enneigé scintillant
au soleil ou un ciel étoilé coiffant une nuit claire. Cela
le portait à s'interroger sur l'origine des choses et des
êtres et sur le sens de la destinée. L'immensité du
paysage lui faisait prendre conscience de sa petitesse,
mais en même temps, la ruse dont il apprenait à user
contre les éléments lui révélait la grandeur de l'être
humain. Il se détachait des rites formalistes de la reli-
gion de son enfance mais acquérait la conviction qu'il

avait sa place dans l'ordre universel. L'idée qu'il se faisait de Dieu s'en trouvait complètement changée ; incapable désormais de se le représenter, il se contentait d'en admirer les manifestations. (*SN*, p. 80)

Ainsi, comme c'est toujours le cas chez Germain, la Nature comporte, tout comme la chasse qui lui est associée, une dimension mystique qui surpasse en termes de spiritualité tout ce que peut offrir la civilisation. Il fallait d'ailleurs s'y attendre dans un roman intitulé *Le soleil se lève au Nord*.

Passage de l'enfance à la vie adulte (Apprentissage)

Le passage de l'enfance à la vie adulte représente, on l'a vu, l'un des enjeux cruciaux du séjour de Marc dans le Nord. Le processus est lié à des rites qui exigent de lui d'être disposé à « apprendre » et à affronter toute une série d'épreuves destinées à mesurer son courage.

En décrivant les personnages de Marc et d'Édouard, nous avons beaucoup insisté sur la dynamique pédagogique qui prévaut entre eux et qui oriente le cheminement du jeune Marc.

En fait, leur relation illustre l'un des principaux thèmes du roman : l'apprentissage. Dans *Le soleil se lève au Nord*, tout tourne autour de ce concept : qu'il pêche (*SN*, p. 26-30), chasse l'outarde (*SN*, p. 35-38), tire à la carabine (*SN*, p. 55), transporte un quartier d'orignal (*SN*, p. 65-67) ou imite un cri d'animal (*SN*, p. 77), Marc est sans cesse en train d'apprendre. En fait, dans *Le soleil se lève au Nord*, l'apprentissage joue un tel rôle, qu'on ne compte plus les passages qui contiennent ce mot ou l'un de ses dérivés lexicaux :

> Sans qu'il s'en rende toujours compte, [Marc] *apprenait* une infinité de détails sur les habitudes des animaux, les ressources de la forêt pour s'abriter ou faire du feu, la façon de s'orienter, la lecture des cartes topographiques, et l'art de se vêtir selon la saison. Il acquerrait encore d'autres *connaissances* que son oncle s'efforçait de lui inculquer... (*SN*, p. 77. Nous soulignons)

L'apprentissage implique que l'on accepte de revoir son système de valeurs, ce que fait le jeune Marc tout au long de la même expédition :

> [Marc] avait l'impression de se découvrir, de renaître à la vie. Il prenait conscience que la vie aussi constitue une école qui lui permettait d'accéder à un autre type de connaissances, moins théoriques, mais tout aussi valables. En l'absence de tout luxe, ses notions de bien-être, de sécurité et de confort se transformaient. (*SN*, p. 79)

Et ce n'est qu'un début. Ses valeurs ne cesseront de se transformer, tout au long du roman, car il s'ouvre aux nouvelles expériences et à ce qu'elles apportent. En chassant l'orignal aux côtés de son oncle, il a entrevu ce que peut lui léguer la nature. En l'accompagnant à la trappe, il continuera de parfaire son «éducation naturelle» (*SN*, p. 112). En apprenant le métier de trappeur — évaluation des conditions climatiques (*SN*, p. 93), conduite et réparation d'une motoneige (*SN*, p. 112), écorchage des peaux (*SN*, p. 116) —, Marc parvient à prendre une certaine assurance (voir *SN*, p. 112), celle que donne le savoir. Il lui arrivera cependant, plus tard, de se comporter comme s'il était invincible, mais la Nature se chargera de lui rappeler qu'elle demeure toute-puissante.

L'intrigue du *Soleil se lève au Nord* comporte des embûches que devra surmonter le héros avant de devenir un homme. La première à laquelle il devra faire face après le décès de sa mère et la maladie de son père est décrite dans la scène où les chiens de son oncle l'assaillent, lorsqu'il offre à sa tante Rosa d'apporter du bois pour le feu. Marc a peur des bêtes qui l'attendent sur le pas de la porte, mais il est assez perspicace pour réaliser «que s'il capitulait maintenant, ces maudits chiens le garderaient prisonnier à l'intérieur.» (*SN*, p. 16) Il se résout donc à dompter sa peur et à affronter les chiens en les sommant de se coucher tranquillement. Lorsque les chiens lui obéissent, Marc sent non seulement «sa peur se résorber comme un ressac» (*SN*, p. 16), mais ressent également de la fierté face à «cette petite victoire sur lui-même et sur son entourage» (*SN*, p. 16). Aussi prosaïque soit-il, cet épisode représente une étape décisive dans la vie du héros et en présage d'autres où Marc devra «faire appel à toutes ses réserves de détermination et de courage». Ce n'est là que la première d'une série d'épreuves qui le confronteront à ses peurs et l'obligeront à faire preuve d'un courage que son oncle admire, dès leur première expédition de chasse :

> Ce qui lui manquait en expérience, [Marc] le rempla-
> çait par un surcroît de vigilance. Son oncle ne pouvait
> s'empêcher de sourire en regardant ce garçon aux
> cheveux en broussaille, penché sur l'eau sombre, si
> empressé, si attentif et si courageux devant l'épreuve.
> Il se comportait exactement comme le fils que le rude
> trappeur aurait aimé avoir, ce fils qu'il eut souhaité
> débrouillard et courageux… comme lui-même dans
> sa jeunesse. (*SN*, p. 46-47)

La réaction de Marc face aux premières épreuves lui
fait honneur ainsi qu'aux siens. Il sait mâter sa peur
comme il a mâté les chiens de son oncle.

Mais pour devenir un homme, il lui faudra encore affronter bien d'autres épreuves. L'une d'elles
consiste à transporter un quartier d'orignal à dos
d'homme sur une distance d'un kilomètre : «C'était
[…] horriblement lourd et Marc partit dans l'obscurité, chancelant sur ses jambes, anxieux de quitter le
tracé et convaincu que jamais, au grand jamais, il ne
pourrait porter tout ce poids sur tout un kilomètre.
Il n'avait pas parcouru cent mètres que son oncle le
dépassait au pas de course.» (*SN*, p. 66) Si son oncle
s'acquitte facilement de sa tâche, Marc doit déployer
beaucoup d'efforts pour en venir à bout. Sa réaction,
quand Édouard l'invite à presser le pas, en dit long à
ce sujet : «Facile à dire! Avec un poids de cent kilos
sur le dos, un terrain plein d'embûches, dans l'obscurité totale et avec la vue complètement obstruée
d'un côté, il aurait fallu courir! Il serra les dents et
accéléra.» (*SN*, p. 66) Ainsi, une fois de plus, Marc fait
preuve de courage et de ténacité face aux obstacles.

Il est cependant loin d'être au bout de ses peines, car les écueils se multiplient sur sa route, pendant qu'il transporte un second morceau de la bête :

> Si le premier trajet avait été pénible, le deuxième fut un véritable calvaire. Malgré ses tentatives, il ne parvint pas à se mettre le quartier sur l'épaule, et dut le porter dans ses bras, une cinquantaine de mètres à la fois, s'accordant deux minutes pour souffler à chaque pause. Deux fois, il trébucha avec sa charge qui le tirait par en avant. La première fois, il tomba à quatre pattes dans un trou d'eau glacée. La deuxième, il s'écorcha la joue contre un tronc noueux. (*SN*, p. 71)

En forêt, les épreuves sont donc beaucoup plus difficiles à affronter que ne l'étaient les chiens de l'oncle Édouard.

Ces épreuves lui permettent de savourer de petites victoires. S'il transporte difficilement le fardeau que son oncle manie avec dextérité, il y arrive néanmoins, sans compter qu'il parvient à dompter sa peur de l'obscurité : « Il eut moins de mal qu'il n'aurait cru à retrouver sa route, soit que ses yeux se fussent habitués à l'obscurité, soit que la nuit fut moins noire que tantôt. » (*SN*, p. 66-67) Plus loin, le lecteur apprend que « l'obscurité ne l'effrayait plus du tout ; l'effort à fournir avait accaparé toute son attention. » (*SN*, p. 69) En somme, quelle que soit leur nature, Marc triomphe des obstacles, car outre qu'il est courageux, il parvient toujours à en voir le côté positif : « Il prenait plaisir à vivre dans le dénuement, à affronter les difficultés imprévues et à en triompher. Ces victoires sur lui-même lui procuraient plus de contentement et de paix qu'il n'en avait éprouvé depuis bien longtemps. » (*SN*, p. 79)

S'ils sont grisants, ces triomphes peuvent avoir un goût plus amer. C'est le cas à chaque fois que Marc pêche par excès de confiance. Mais il sait s'amender et abdique sa fierté quand les circonstances le réclament. C'est ce à quoi il est contraint, lorsqu'il fait le fanfaron en motoneige, puisque « la nature [lui sert] une petite leçon d'humilité à sa façon » (*SN*, p. 84).

Il sort de ce mauvais pas grâce à sa débrouillardise. Ce qu'il importe de retenir ici, c'est que cette épreuve exige de l'humilité, sans laquelle le courage et la force ne sont rien. Grâce à elle, Marc comprend combien il faut être modeste pour se mesurer à la nature.

Cela lui sera salutaire, quand il retrouvera son oncle sous la neige, après que ce dernier eut été victime d'un bête accident. Il saura alors poser les gestes qu'il faut pour le sauver de la mort, parce que « [g]alvanisé par l'idée que tout n'était pas perdu mais que le temps pressait, Marc se redressa comme un ressort de piège. Autant l'angoisse l'avait ligoté l'instant auparavant, autant l'espoir renaissant lui donnait maintenant des ailes. » (*SN*, p. 122) Les émotions l'envahiront, mais ne l'empêcheront pas d'agir :

> Les larmes gelaient sur ses joues mais il ne pensait pas à lui-même. Avec l'énergie du désespoir, il s'efforçait de dompter la neige, le vent, le froid et surtout, sa propre panique.

Heureusement, la pente du terrain jouait en sa faveur. En trois minutes, Marc parvint au camp avec son précieux fardeau. Pendant qu'il exécutait les gestes avec autant de précision et de rapidité qu'il le pouvait, son cerveau travaillait à vive allure, devançant l'action, analysant les alternatives et prenant les décisions qui s'imposaient. (*SN*, p. 125)

C'est alors qu'on voit le changement qui a eu cours depuis son arrivée dans le Nord. En effet, à présent, «Quelle que soit la difficulté, si grand que soit l'obstacle, toujours il trouvait le moyen et la force de le surmonter.» (*SN*, p. 130) La description souligne d'ailleurs sa persévérance et sa victoire sur la mort : «Marc n'avait pas dormi ni mangé depuis plus de vingt heures. Seul, il avait fait face au pire drame de sa courte existence, avait côtoyé la mort et lui avait arraché un homme. Il avait parcouru cinquante kilomètres en pleine nuit sur une piste enneigée et par le pire temps imaginable.» (*SN*, p. 131) Toutes les circonstances de cette scène la lient à des thèmes qui traduisent la victoire sur l'épreuve : l'énergie, l'action, le courage, la force et l'abnégation y triomphent des obstacles et des peurs. Marc comprend que vaincre ses peurs, c'est les accepter humblement. Plus tard, quand il lui faudra finir seul la saison de la trappe, il mettra ce savoir en pratique : «Il le ferait justement parce qu'il avait peur de le faire, parce que jamais auparavant il ne s'était retrouvé seul pendant une aussi longue période, livré à ses propres ressources en pleine nature à cinquante kilomètres de tout être humain. » (*SN*, p. 134) Son séjour solitaire en forêt lui confirme d'ailleurs la sagesse de ce raisonnement :

> Son esprit, [...] en l'absence de compagnie s'évadait souvent dans une réflexion sur la nature et le sens de la vie, la sienne en particulier. La solitude, plutôt que de lui peser, le forçait à l'introspection. Il se découvrait alors humble mais confiant, courageux mais non téméraire et, somme toute, relativement heureux. (*SN*, p. 138)

Et quand il quitte la forêt pour revenir chez son oncle, Marc entrevoit « une [...] récolte, plus précieuse que celle des fourrures et bien plus durable : le courage d'accepter les difficultés, première étape de leur résolution. » (*SN*, p. 147) C'est que désormais il sait bien « que le véritable héroïsme n'est pas l'absence de peur mais la canalisation de la peur vers l'action. » (*SN*, p. 147) Ainsi, il aura fallu toutes ces épreuves pour que Marc le comprenne. D'enfant qu'il était à son arrivée dans le Nord, il est, à la fin du roman, un adulte malgré son jeune âge. En outre, l'espace nordique fait de lui un homme bien différent de celui qu'il serait devenu s'il était resté chez lui. Inspiré par les forces de la nature, son apprentissage s'en trouve à jamais imprégné.

MODALITÉS ET FORMES DU RÉCIT

Narration

Fidèle à ses habitudes, Germain opte pour un narrateur omniscient dans *Le soleil se lève au Nord*. S'il est vrai que l'on aurait pu s'attendre à ce que l'histoire du jeune Marc Bérard soit racontée au « je », afin de renforcer le sentiment d'identification du lecteur — car il s'agit d'un roman-jeunesse — ce choix convient bien au scénario du roman. *Le soleil se lève au Nord* célèbre un rite de passage de l'enfance à la vie adulte. Au moment où Marc accomplit les étapes de ce rituel, il n'a pas toute la lucidité qu'il faut pour comprendre ce qui lui arrive. En optant pour un narrateur qui interprète ses gestes et ses états d'âme, Germain oriente mieux son lecteur dans l'interprétation du texte, que s'il lui avait cédé la parole. Et c'est là un avantage de taille quand on cible un public novice.

S'il privilégie ainsi la clarté, Germain ne renonce pas cependant à faire incursion dans la pensée de Marc en faisant appel aux ressources du style indirect libre. C'est souvent le cas vers la fin du roman, car à ce moment, Marc fait preuve d'une maturité qui l'incite à s'interroger sur ses gestes. Dans ce passage, il mêle sa voix à celle du narrateur lorsqu'il réfléchit sur sa décision de finir seul la saison de la trappe :

> D'une part, sa nature généreuse le poussait à remplacer son oncle, réduit à l'incapacité, comme soutien de famille. D'autre part, ce serait là l'ultime étape de

son acclimatation. Il le ferait justement parce qu'il
avait peur de le faire, parce que jamais auparavant
il ne s'était retrouvé seul pendant une aussi longue
période, livré à ses propres ressources en pleine
nature, à cinquante kilomètres de tout être humain.
(*SN*, p. 134)

Outre la subjectivité qui affleure ici, *Le soleil se lève au
Nord* porte plusieurs marques du style indirect libre.
Dans l'extrait suivant, les propos de tante Rosa sont
rapportés tantôt en style direct, tantôt dans l'un ou
l'autre des styles indirects :

> Sa tante lui avait alors demandé s'il consentirait à re-
> tourner chercher les pièges et à fermer le camp pour
> la saison. Elle avait allégué qu'il était seul à pouvoir le
> faire puisqu'il était le seul à connaître l'emplacement
> des pièges.
>
> «Je m'excuse de demander ça. Les pièges, ça vaut pas
> mal d'argent. Édouard en a besoin. Il gagne sa vie
> avec ça.»
>
> Son mari lui revaudrait ça. S'il avait peur de partir
> seul, elle l'accompagnerait.
>
> «J'ai pas beaucoup l'habitude aujourd'hui. Je suis pas
> jeune comme dans le temps, mais je peux encore bou-
> ger. Si tu veux, je vais avec toi.» (*TK*, p. 133-134)

Ici, c'est pour citer des paroles et non pour faire état
des réflexions d'un personnage que Germain recourt
au style indirect libre. Il ne s'agit donc plus de redon-
ner ses droits à la subjectivité d'un personnage, qui
peut tout aussi bien s'exprimer, en pareille occasion,
dans un style comme dans l'autre, mais de créer un
effet de style, en faisant alterner les styles indirect et

indirect libre avec le style direct. Comme quoi la narration du *Soleil se lève au Nord* sait se faire originale en même temps que classique.

Schéma actantiel

Comme c'était le cas pour *Le trappeur du Kabi*, le scénario du *Soleil se lève au Nord* présente maintes particularités qui défient les catégories du schéma actantiel. Évidemment, on reconnaît en Marc Bérard le héros de ce roman dont la quête, elle, est cependant plus difficile à cerner. Germain nous dit que Marc se rend dans le Nord pour retrouver son oncle et sa tante. Il tente ainsi d'échapper à la déprime dans laquelle il est sombré depuis la mort de sa mère. Là-bas, tout un défi l'attend : apprendre à se connaître et devenir un homme en apprivoisant la forêt. Si c'est là l'objet de sa quête, plusieurs autres s'y greffent qui agissent en même temps comme des destinateurs : la recherche du bonheur, la quête du savoir, le désir de se rendre utile à autrui, etc.

À l'opposé de ce qui se passe dans *La vengeance de l'orignal* et *Le trappeur du Kabi*, c'est un triomphe sans équivoque qui couronne la quête du jeune Marc. Il faut dire qu'il a pu compter sur l'aide de nombreux adjuvants. Outre son oncle Édouard, qui lui lègue sa sagesse et toutes ses connaissances, tous ses amis du Nord contribuent au succès de sa quête. De Rosa à Mona en passant par Jim et Éric, on ne lui donne que des preuves d'amour et d'amitié. En fait, Marc rencontre bien peu d'adversaires sur sa route, si ce n'est lui-même. Chaque fois qu'il trébuche, c'est à cause de son orgueil ou de son insouciance, quand ce n'est pas par peur. Il doit alors se rappeler les valeurs que lui ont léguées ses amis — courage, humilité et sagesse — pour triompher des obstacles. Ainsi, Marc n'est jamais seul quand il lutte, tout comme ses amis ne le sont jamais quand il est à leurs côtés. Car si Marc part à sa recherche en explorant le Nord, il n'oublie pas les autres. La forêt, il s'y mesure aussi pour plaire à son oncle Édouard, pour les secourir, sa femme et lui, dans l'adversité et enfin pour gagner le cœur de Mona (destinataires). Bref, si l'objet de la quête de Marc est flou, il reste incontestable qu'à la fin du livre, grâce aux amis qu'il se fait dans le Nord et à la force qu'il trouve en affrontant les embûches qui parsèment son chemin, il sort vainqueur.

Nature du roman

Alors que les deux romans précédents de Doric Germain constituent des anomalies à l'intérieur de la littérature pour la jeunesse puisqu'ils mettent en scène des adultes, celui-ci a comme personnage principal un jeune adolescent. En outre, si les deux romans précédents peuvent aussi être considérés comme des « romans d'apprentissage », ils se démarquent néanmoins du genre classique alors que *Le soleil se lève au Nord* y est plus conforme. En effet, comme nous l'avons montré dans notre article « Devenir homme : l'apprentissage de la vie dans les romans pour la

jeunesse de Doric Germain[2] », les œuvres de l'auteur
franco-ontarien entretiennent des liens avec de nombreux genres littéraires : le conte merveilleux, à cause
des épreuves que doivent surmonter les personnages
dans un cadre forestier, le roman d'aventures, grâce
aux nombreuses péripéties qui marquent la vie des
personnages, et le roman d'apprentissage, car tous les
personnages de Doric Germain doivent apprendre à
vivre dans le monde tout en respectant la nature.

Le roman d'apprentissage, souvent désigné par le
nom allemand de *Bildungroman*, a une structure bien
particulière, que Doric Germain réactive et transforme selon ses besoins narratifs. Le roman d'apprentissage a pour héros un jeune homme, tel Marc
Bérard, qui

> va dans le monde pour se connaître et atteint cette
> connaissance à travers des actions qui sont à la fois des
> « preuves » et des épreuves. Les aventures où le héros
> triomphe sont les moyens par lesquels il « découvre sa
> propre essence », remplissant ainsi la fonction classi-
> que de l'épreuve ; mais elles sont également la preuve
> qu'il a atteint à la connaissance de soi, condition
> préalable pour toute action authentique à venir. En
> effet, les « aventures » ne constituent qu'un prélude à
> l'action véritable : c'est au seuil de la « vie nouvelle »
> du héros que se termine l'histoire d'apprentissage[3].

2. Lucie Hotte avec la coll. de Véronique Roy, « Devenir
homme : l'apprentissage de la vie dans les romans pour la jeunesse de Doric Germain », *La littérature pour la jeunesse 1970-
2000*, sous la direction de Françoise Lepage, Montréal, Fides,
« Archives des lettres canadiennes », tome 11, 2003, p. 265-286.

3. Susan Robin Suleiman, *Le roman à thèse ou l'autorité fictive*,
Paris, PUF, coll. « Écritures », 1983, p. 82.

C'est effectivement ce qui se produit avec Marc
Bérard. Le jeune homme doit quitter la maison pater-
nelle et s'aventurer sur un territoire inconnu où il sera
confronté à une série d'épreuves qui lui permettront
de mieux se connaître et de devenir un adulte. Dans
son déplacement vers le Nord, il perçoit d'emblée tout
ce qui sépare le monde nouveau qui sera dorénavant
le sien, de celui qu'il connaissait jusqu'alors :

> De chaque côté, la forêt. Non pas la belle forêt de chênes,
> d'érables et d'ormes à flancs de collines que ses excur-
> sions dans la vallée de la Gatineau lui avaient appris à
> connaître et qui, à ce temps-ci de l'année, devait être au
> pinacle de sa magnificence, mais une forêt de petites
> épinettes chétives, une forêt plate, truffée de marais sup-
> portant mal une végétation naine, une forêt sans cesse
> lézardée de ruisseaux, de rivières et de lacs. (*SN*, p. 8)

Le roman souligne toutefois le désir de Marc d'arriver à surmonter ses peurs, de franchir les épreuves
qui l'attendent et d'apprendre à vivre pleinement.
Comme nous l'avons vu, la scène avec les chiens qui
se déroule le premier soir qu'il passe chez son oncle
en est un bon exemple : il s'agit certes d'une « petite
victoire sur lui-même » (*SN*, p. 16), mais elle augure les
prochaines, qui seront beaucoup plus importantes. Il
subit donc les transformations propres à tout roman
d'apprentissage. En effet, comme le souligne Susan
Suleiman, « [s]yntagmatiquement, on peut définir
une histoire d'apprentissage (de *Bildung*) par deux
transformations parallèles affectant le sujet : d'une
part, la transformation *ignorance* (de soi) → *connaissance* (de soi) ; d'autre part, la transformation *passivité*

→ *action*[4] ». Cet apprentissage culmine dans la scène où Marc trouve son oncle blessé en forêt. La peur qui l'assaille ne lui fait pas perdre tous ses moyens, au contraire, il fait le nécessaire pour sauver la vie d'Édouard. Il réalise alors que « [q]uelle que soit la difficulté, si grand que soit l'obstacle, toujours il trouvait le moyen et la force de le surmonter » (*SN*, p. 130). Cette épreuve est « l'ultime étape de son acclimatation » (*SN*, p. 134).

La structure du *Bildungsroman* est ici évidente : les épreuves que lui réserve la Nature, l'apprivoisement de l'altérité amérindienne et surtout la confrontation de ses propres peurs le mènent indéniablement à la connaissance de soi.

PISTES DE RÉFLEXION

1. Quel est le rôle de l'intrigue amoureuse dans ce roman ?

2. Comparez l'école de la nature à celle de la civilisation.

3. Identifiez les épreuves que doit surmonter Marc ? En quoi diffèrent-elles les unes des autres ? Y a-t-il une évolution dans le type d'épreuves ?

4. Quel est, selon vous, le véritable objet de la quête de Marc ?

5. Dressez la liste des adjuvants qui aideront Marc dans sa quête ? Qui sont les opposants ?

---

4. *Ibid.*

6. Que pensez-vous de la représentation des Amérindiens dans ce roman? En quoi correspondent-ils aux idées préconçues qui sont véhiculées sur eux? En quoi remettent-ils en question vos propres préjugés?

Deuxième partie

Dossier

ENTREVUE AVEC
DORIC GERMAIN

Lucie Hotte : Qu'est-ce qui vous a amené à l'écriture ?

Doric Germain : Je pense que cela remonte à mon enfance. D'abord, c'est parce que j'aimais les livres. J'ai beaucoup lu quand j'étais jeune. De n'importe quoi d'ailleurs. Je n'étais pas difficile quant au choix de mes lectures. (Rires) D'ailleurs, il ne fallait pas l'être non plus parce que les livres étaient en nombre assez limité, alors je lisais de tout. Peut-être, de façon un peu plus spécifique, des romans d'aventures. J'aimais composer aussi et j'ai remporté des prix en composition au Concours provincial de français en 8ᵉ année. À ma première année d'enseignement, dans une école secondaire, je me suis aperçu que, contrairement à moi, les élèves lisaient peu. Je me demandais comment faire pour les amener à aimer la lecture. J'enseignais la littérature, bien sûr, et je trouvais que les livres qu'on leur proposait n'étaient pas trop bien adaptés à leurs préoccupations. Alors là, je me suis dit que si quelqu'un était assez gentil pour leur écrire quelque chose qui serait plus proche de leurs préoccupations, peut-être qu'ils liraient plus. J'ai décidé — je ne sais pas si c'est consciemment ou inconsciemment — d'être celui qui serait assez gentil pour le faire. (Rires) Et c'est comme ça, je pense, que j'ai commencé à écrire mon premier roman. Je me souviens en particulier d'une classe de 9e année technique — seulement des garçons —, et pour les intéresser j'avais imaginé une histoire de chasse et de pêche qui, je pensais, était susceptible de leur plaire. J'écrivais, surtout en fin de semaine, quelques pages que j'apportais en classe et les élèves pouvaient dire ce qu'ils en pensaient, ajouter leur grain de sel… Il m'est parfois arrivé de retenir leurs suggestions et de les incorporer tout simplement au texte. Bien sûr, à cette époque-là, je ne savais pas que ce serait un livre, j'écrivais une petite histoire, et c'est seulement plusieurs années plus tard que je l'ai ressortie de mes tiroirs et complétée. Je me souviens, vers 1977-1978, j'enseignais à l'université. Je donnais un cours du soir à Iroquois Falls, et la façon dont les cours étaient arrangés, pour y aller seulement à toutes les deux semaines, les professeurs donnaient des cours deux soirs de suite. Mais entre les deux cours, j'avais une journée complète à passer dans ma chambre de motel, et je pense que c'est en grande partie là que *La vengeance de l'original* a été écrit, parce que je m'ennuyais tout simplement (rires) : j'avais ressorti ma petite histoire, qui datait déjà de quelques années, et je l'ai terminée cette année-là, à Iroquois Falls.

Lucie Hotte : Donc, c'était pour donner le goût aux jeunes de lire, mais dans le choix de l'histoire, est-ce qu'il y avait aussi une volonté de les divertir ou de leur enseigner des choses ?

Doric Germain : Peut-être plus enseigner, en plus de divertir aussi bien sûr. Je voulais qu'ils aiment ce qu'ils lisaient, mais... oui, j'essayais d'enseigner à travers ça. Par exemple, je me souviens que je me servais de mon texte pour leur faire remarquer le choix des adjectifs et comment ils étaient accordés, et puis j'enseignais toutes sortes de choses autour de ça, du vocabulaire, comment corriger les anglicismes, etc. Par contre, je ne pense pas que j'essayais de leur donner de leçon d'écologie ou quoi que ce soit même si, quand je regarde mon premier livre aujourd'hui, je me dis que oui, il y en avait une leçon écologique, mais ce thème n'était peut-être pas conscient, en tout cas, pas à cette époque-là.

Lucie Hotte : En effet, la nature occupe une place primordiale dans les trois romans pour la jeunesse, où elle n'est pas seulement le cadre de l'histoire, mais devient aussi un personnage, dans *La vengeance de l'original*, dans *Le trappeur du Kabi*, surtout, et aussi dans *Le soleil se lève au Nord*. Est-ce que la nature occupe une place très importante dans votre vie?

Doric Germain : Oui. Écoutez, je suis né près de Hearst, et j'y ai vécu la majeure partie de ma vie. D'ailleurs, je pense que la nature a toujours occupé une place importante, peut-être par le fait justement que j'ai toujours vécu dans le Nord, mais peut-être par le fait aussi que mon père était bûcheron, cultivateur, un peu chasseur même… c'était un mode de vie pour nous, quand j'étais jeune. Alors, j'imagine que c'est ça qui transparaît dans mes livres. Puis, bien sûr, j'ai peut-être voulu aussi laisser aux jeunes l'idée que, finalement, on n'est pas si mal lotis dans le Nord, même si souvent on est portés à penser qu'on est loin de tout, et que, bon, il n'y a rien ici, alors que pour moi, au contraire, on est près de ce qui est important (rires), la nature.

Lucie Hotte : Quand on gagne sa vie à partir de la nature dans l'agriculture ou en travaillant dans la forêt, et qu'une bonne partie des loisirs se passe aussi dans la nature avec la chasse, la pêche, est-ce que vous pensez que ça influe sur les valeurs qu'on acquiert? Est-ce pour cette raison que l'on retrouve aussi ces valeurs dans les textes? Vous parliez d'écologie tantôt, de ce respect de la nature, mais aussi du respect des animaux qui y vivent, et des autres gens qu'on y côtoie aussi.

Doric Germain : Bien sûr, ce respect n'est sans doute pas automatique et il y a des gens qui peuvent passer leur vie dans la nature et ne jamais la respecter, mais, oui, je pense que la plupart des gens qui passent beaucoup de temps dans la nature apprennent à d'abord l'aimer, et deuxièmement, c'est un peu un corollaire, à la respecter.

Lucie Hotte : Je vais un petit peu changer le type des questions que je vous pose, afin de passer de la nature à la forme des textes, parce que vos romans sont considérés comme des romans jeunesse, vous avez écrit dites-vous pour des jeunes à qui vous enseigniez. Or, vos personnages dans les deux premiers romans sont des adultes. Et je trouve ça particulièrement intéressant, parce qu'on a tendance, quand on écrit des livres pour la jeunesse, à mettre en scène des personnages d'enfants comme héros. Est-ce que c'est un choix délibéré de votre part d'opter pour des héros adultes ?

Doric Germain : Non, ce n'est certainement pas un choix délibéré… Je reconnais que c'est vrai, mais je n'y avais pas vraiment pensé. Par contre, dans mon quatrième roman, *Le soleil se lève au Nord*, le personnage principal est un jeune. Peut-être que j'avais, rendu là, constaté que ce serait souhaitable qu'il y ait un jeune comme personnage principal de mes livres. Quand on dit d'un auteur qu'il écrit pour les jeunes, je ne suis pas sûr que ce soit toujours un choix très conscient. Le premier roman, oui. J'enseignais dans une école secondaire, quand j'ai commencé à l'écrire, donc je pense que c'était plus conscient. Je me souviens, par contre, de m'être dit, un moment donné, que les commissions scolaires allaient peut-être se fatiguer d'acheter mes livres (rires), qu'il faudrait que je pense à écrire pour un public plus général, plus large. En particulier, quand j'ai écrit mon troisième livre, *Poison*. Je ne sais pas si le pli de la littérature jeunesse était pris, mais ce roman-là a aussi fini par être étudié dans les écoles.

Lucie Hotte : Il y a sans doute aussi le fait que les lecteurs qui ont lu les premiers romans, et qui les ont aimés, ont voulu continuer à lire les nouveaux romans du même auteur. On devient un auteur fétiche, à un moment donné !

Doric Germain : Oui, oui. Je pense que mon nom est devenu associé à la littérature jeunesse et j'ai un peu l'impression que j'écrirais n'importe quoi, et ce serait quand même considéré comme de la littérature jeunesse.

Lucie Hotte : Oui, c'est possible aussi. Mais ce sont des romans d'apprentissage, dans une certaine mesure. Aussi, les romans d'apprentissage ne sont pas nécessairement des romans jeunesse.

Doric Germain : Je pense qu'on n'écrit pas toujours pour un lecteur en particulier, mais souvent en réponse à des œuvres qu'on a lues. Quand j'étais jeune, à l'âge de mes lecteurs, par exemple, je me souviens d'avoir lu des romans assez semblables aux miens, que j'ai peut-être essayé d'imiter, d'ailleurs. Des romans de James Oliver Curwood et de Jack London.

Je me souviens en particulier des *Chasseurs de loups* et des *Chasseurs d'or* de James Oliver Curwood, où il y avait des personnages adultes, mais dans lesquels le beau rôle était donné aux anglophones. Il y avait des francophones aussi, mais le beau rôle était donné aux anglophones, et je me demande si je n'ai pas essayé, dans *La vengeance de l'orignal* en particulier, de répondre à ça, en donnant le beau rôle aux francophones.

Lucie Hotte : C'est très intéressant ça. Parce que vous aimiez lire ce genre de romans d'aventure, d'apprentissage en même temps, qui se passent dans la nature, c'est donc devenu une source d'inspiration pour vous. D'autant plus que cela rejoignait votre vie en même temps. Vous mettez en scène quasi exclusivement des personnages masculins. Vous disiez que vous enseigniez à des jeunes garçons. Est-ce que c'est une des raisons pour lesquelles il y a peu de femmes dans vos livres ?

Doric Germain : Probablement. J'en ai d'ailleurs pris conscience d'une drôle de façon. J'étais dans une école secondaire — j'ai été souvent invité à parler de mes livres dans les écoles —, et une fille lève la main, et me dit : « Monsieur, dans votre roman (elle devait avoir lu seulement *La vengeance de l'orignal*), il n'y a pas de filles. Pour quelle raison ? Est-ce que c'est parce que vous aimez pas les femmes ? » (Rires) Je me souviens d'avoir répondu : « Non, non, ce n'est pas du tout la question. C'est peut-être parce que la chasse, surtout à cette époque-là, dans mon esprit, ça se passait entre hommes.» Mais ça m'avait suffisamment fait réfléchir pour que, plus tard, en écrivant *Poison*, par exemple, je songe à créer un personnage féminin, pour une fois.

Lucie Hotte : Vous avez peu de personnages féminins, mais vous avez beaucoup de personnages amérindiens. Est-ce que ces personnages sont inspirés d'Autochtones que vous avez côtoyés dans votre vie ? Comment avez-vous construit ces personnages-là qui sont un peu mythiques, parfois, même ?

Doric Germain : C'est peut-être difficile de répondre en termes généraux. Il m'est arrivé de côtoyer des Amérindiens, bien sûr. Dans *Le trappeur du Kabi*, j'avais un modèle : un Amérindien dont j'avais entendu parler, qui refusait systématiquement le système des réserves autochtones et tout le reste. Alors, tout ce que j'avais imaginé à cette époque-là, c'est que, si quelqu'un comme lui, comme mon modèle, décidait de prendre les choses en main, puis de devenir violent, de sortir la carabine, qu'est-ce que ça donnerait ? C'est comme ça que j'ai imaginé *Le trappeur du Kabi*. Par contre, dans *Le soleil se lève au Nord*, ce que j'essayais de montrer, c'est la différence de mentalité entre les Blancs et les Amérindiens. Par exemple, leur notion du temps, leur notion du travail et différentes notions ou valeurs culturelles et sociales. Quelle meilleure manière que de montrer un Blanc qui arrive parmi les Indiens, qui s'aperçoit qu'ils ne fonctionnent pas de la même façon que lui ? Dans

Le soleil se lève au Nord, la comparaison est pas mal à l'avantage des Amérindiens (rires).

Lucie Hotte : Oui, pas mal. Mais aussi, dans ce roman-là, le jeune garçon qui arrive dans le Nord, vit un choc culturel, pas seulement dans la rencontre avec les Amérindiens, mais aussi dans la rencontre entre les Blancs du Nord et les Blancs du Sud.

Doric Germain : Oui.

Lucie Hotte : Pour les Blancs du Nord aussi, il y a une autre façon de vivre le temps, puis le rapport à la nature, puis…

Doric Germain : Oui. Je pense que le roman essaie de montrer que la nature peut être une espèce de thérapie pour toutes sortes de problèmes existentiels.

Lucie Hotte : Avec votre dernier roman, *Défenses légitimes*, vous vous aventurez dans le domaine de l'histoire, puisque c'est un roman inspiré de faits véridiques. Est-ce que cette question du rapport entre le fictif et le réel vous préoccupe depuis le début de votre écriture ? Est-ce qu'il y a des éléments de la réalité qui ont inspiré aussi les autres romans ?

Doric Germain : D'abord, le cadre que j'utilise dans tous mes romans est un cadre réel. J'ai toujours essayé de le respecter le plus possible. J'utilise aussi les vrais noms de lieux, de rivières, pour qu'ils soient facilement repérables. J'ai d'ailleurs été influencé par d'autres auteurs. J'ai publié mon premier roman en 1980, la même année qu'Hélène Brodeur publiait *La Quête d'Alexandre*. Le roman d'Hélène Brodeur m'avait vraiment fasciné. Je m'étais rendu compte, tout à coup, que je ne m'étais jamais interrogé beaucoup sur notre histoire. Qu'est-ce que nous faisions ici, pourquoi nos parents, nos grands-parents étaient venus dans le Nord ? Et, tout à coup, j'avais des réponses à mes questions, en lisant ce roman-là. L'histoire, ça peut être un peu sec quand on l'apprend toute seule (rires), alors que, enrobée dans un roman dont l'intrigue est captivante… D'ailleurs je suis un grand lecteur de romans historiques… soit du roman historique moderne, genre Rutherford ou Michener, ou même du roman historique plus ancien, comme ceux de Victor Hugo ou d'Alexandre Dumas, par exemple.

Lucie Hotte : Dans *Défenses légitimes*, vous mettez en scène une page troublante de l'histoire franco-ontarienne : l'émeute meurtrière de la nuit du 10 au 11 février 1963, qui opposa les grévistes de la Spruce Falls Power and Paper Company aux cultivateurs locaux qui possédaient des droits de coupe de bois et vendaient leur bois à la même compagnie, à Reesor Siding. Elle est au cœur du roman et reste encore aujourd'hui un événement dont on parle peu dans la région de Hearst et Kapuskasing. Pourquoi avez-vous choisi d'en faire le cadre de votre livre ?

Doric Germain : Cette histoire-là, de Reesor Siding, je l'avais toujours eue en tête. Mon père avait été impliqué dans ce drame et j'avais peut-être toujours voulu l'écrire, au fond. Faire du roman historique, mais pas à propos de n'importe quoi, à propos de cet événement-là en particulier. Je me souviens que, à partir du moment où j'ai publié mon premier roman, j'ai commencé à parler d'écrire cette histoire-là, et je me souviens aussi que, dans mon entourage, ma mère, en particulier, me disait : « Laisse donc ça mort ». Puis elle avait probablement raison à cette époque-là, c'était peut-être encore trop récent pour en parler... Je m'en suis aperçu quand j'ai publié le roman, *Défenses légitimes*, que c'était un sujet très, très... sensible, disons. Et c'était peut-être préférable d'avoir attendu aussi longtemps. Mais quarante ans plus tard, le temps était venu. Pour les recherches, il ne fallait pas trop attendre. J'ai pu interviewer des gens qui avaient participé à ces événements et qui étaient encore vivants, ce qui ne sera pas toujours possible. Je ne sais pas combien de temps ça va prendre, mais à un moment donné, les témoins auront tous disparu ; un jour, je ne serai plus là moi non plus pour l'écrire, le roman (rires). Le « *timing* » de ce roman-là était important : laisser retomber la poussière d'une part, mais ne pas attendre non plus que l'événement tombe complètement dans l'oubli, d'autre part.

Lucie Hotte : Et le prochain roman, est-ce que ça va être un roman historique ou d'apprentissage ?

Doric Germain : Je n'en ai aucune idée à l'heure actuelle. J'ai rêvé à toutes sortes de choses, et j'y rêve encore. J'ai rêvé à un moment donné d'écrire une espèce de saga, dans le genre de Michener. Ça me fascine ce type de roman-là, quand je vois ce que James Michener fait, par exemple, en décrivant des régions des États-Unis. Il peut remonter deux millions d'années en arrière pour expliquer la topographie, la géologie, la formation du territoire, et ce qu'il y avait là avant que l'homme apparaisse. Il explique le type de végétation, il explique tout sous forme de roman. Moi, le roman est définitivement mon genre de prédilection. Je ne pense pas, d'ailleurs, que je serais capable — bien peut-être capable —, mais certainement pas intéressé à utiliser un autre genre littéraire. J'y ai pensé d'ailleurs, pour Reesor Siding. « Pourquoi est-ce que je fais pas carrément de l'histoire ? » Puis, je me suis aperçu, en y réfléchissant, qu'en faisant carrément de l'histoire, j'aurais pu uniquement parler de faits objectivement. Je ne suis pas capable de — ou intéressé à — faire ça. Il fallait que j'en parle subjectivement, ou que je fasse parler des gens subjectivement de ces événements. Donc, qu'est-ce que ça donne ? Un roman. Comment décrire, par exemple, les sentiments des gens qui ont participé à des événements comme ça, sinon en créant des personnages fictifs auxquels on peut faire dire et penser absolument tout ce qu'on veut ? Pour moi, l'histoire, c'est intéressant, mais toujours un peu sec, alors que le roman historique, lui, peut être beaucoup plus révélateur, de la perception que les gens ont des événements qu'ils vivent. C'est pour ça que j'ai choisi le roman historique plutôt que carrément l'histoire ou tout autre genre littéraire.

Lucie Hotte : Ça aurait pu être du théâtre.

Doric Germain : Peut-être, mais je ne suis pas un homme de théâtre, mais pas du tout. Mon exaltation à moi (rires), — puis je pense que pour écrire, il faut être exalté —, je la trouve quand je suis tout seul, face à mon histoire, alors que j'imagine que le dramaturge doit plutôt s'enthousiasmer en imaginant l'action sur scène, devant un public. Probablement question de caractère.

Lucie Hotte : Merci, Doric Germain.

Constance Lake, Hearst et la région

LA RÉSERVE AMÉRINDIENNE DE CONSTANCE LAKE

La réserve amérindienne de Constance Lake joue un rôle primordial dans *Le trappeur du Kabi* et *Le soleil se lève au Nord*. Dans le premier cas, elle est le lieu de naissance de George Mattawashpi, ce jeune Amérindien qui assassine des chasseurs pour venger ses ancêtres spoliés par les Blancs ; dans le second, elle est le pôle autour duquel gravitent Marc et son oncle, qui habitent tous deux à sa périphérie en compagnie de Rosa, elle-même originaire de la réserve.

Qu'est-ce qu'une réserve autochtone ? Le terme désigne « une terre qui a été mise de côté par la Couronne pour l'usage et le bénéfice d'une bande[1] ».

1. Affaires indiennes et du Nord Canada, « Questions les plus fréquemment posées au sujet des Autochtones », [en ligne],

Cela signifie que les habitants de l'endroit appartiennent aux Premières Nations[2]. Il y a actuellement
au Canada 615 communautés de Premières Nations
qui proviennent d'environ 50 nations ou groupes
culturels amérindiens qui parlent plus de 50 langues
distinctes. Selon les données du recensement de
2006, « [p]lus de un million de personnes au Canada
s'identifient comme Autochtones, soit 4 % de la population [...]. De ce nombre, 53 % sont des Indiens
inscrits, 30 % sont des Métis, 11 % sont des Indiens
non inscrits et 4 % sont des Inuits. Plus de la moitié
(54 %) des Autochtones vivent en milieu urbain[3] ».

Constance Lake est à la fois un lieu — le lac
Constance et la réserve — et une bande indienne (par
sa gestion). Selon le ministère des Affaires indiennes
et du Nord, une bande est

> un groupe d'Indiens au profit duquel des terres ont été
> réservées ou dont l'argent est détenu par la Couronne
> ou qui a été désigné par le gouverneur en conseil
> comme bande aux termes de la *Loi sur les Indiens*.
> Chaque bande possède son propre conseil de bande,
> qui joue un rôle de direction et qui est généralement
> formé d'un chef et de nombreux conseillers. Le chef
> et les conseillers sont élus par les membres de la col-
> lectivité ou, à l'occasion, selon la coutume de la bande.
> Les membres de la bande partagent généralement des

<http://www.ainc-inac.gc.ca/ap/fn/fip/info125-fra.asp> (consulté
le 27 juillet 2010).

2. Affaires indiennes et du Nord Canada, « Peuples et collectivités autochtones », [en ligne], <http://www.ainc-inac.gc.ca/
ap/index-fra.asp> (consulté le 13 juillet 2010).

3. *Ibid.*

valeurs, des traditions et des pratiques issues de leur patrimoine ancestral[4].

Il faut remonter aux années 1940[5] pour retracer les origines de la communauté de Constance Lake, située sur la rivière Kabinakagami, à Calstock, à environ 40 kilomètres de Hearst. À cette époque, plusieurs Indiens quittèrent English River, sur les bords de la rivière Kenogami, pour se rendre à Calstock, où les attendait un avenir meilleur. Selon le Traité n° 9, la première nation de Constance Lake succède à la première nation d'English River[6]. Selon le recensement canadien de 1901, quatre-vingt cinq personnes habitaient à English River. Il s'agissait donc d'une petite bande. L'idée de s'établir à Constance Lake a germé dans l'esprit de la bande puisque le commerce des fourrures y était plus lucratif. Grâce à la proximité du chemin de fer, il était possible de se libérer du monopole de la Compagnie de la Baie d'Hudson et de vendre les fourrures à d'autres acheteurs. Qui plus est, les Amérindiens entendaient y offrir leurs services à l'usine de pâtes et papiers de Calstock, la Arrowland Company, comme le gouvernement les encourageait alors à le faire. Suite à de nombreuses

---

4. *Ibid.*

5. Ville de Hearst, «Premières Nations», [en ligne], <http://www.hearst.ca/portail/index.aspx?sect=0&module=5&module2=1&MenuID=1366&CPage=1> (consulté le 8 juillet 2010) et Affaires indiennes et du Nord Canada, «Premières Nations», [en ligne], <http://www.ainc-inac.gc.ca/ap/fn/index-fra.asp> (consulté le 13 juillet 2010).

6. Constance Lake First Nation, «Our history», [en ligne], <http://www.clfn.on.ca/> (consulté le 18 juillet 2010).

inspections et évaluations de la terre et de sa viabilité et au fait que la majorité de la bande d'English River résidait alors à Pagwa, le ministère des Affaires indiennes a accepté la création d'une nouvelle bande spécifique aux résidents de Pagwa[7]. Il faudra toutefois attendre le rapport de l'inspecteur Arneil qui désignera la région de Calstock[8] comme le meilleur endroit où établir la nouvelle bande. Celle-ci absorbe donc celle d'English River, ainsi que certains membres de Moose Factory (Attawapiskat) et d'Albany qui habitaient tout près[9]. Une demande officielle d'accommodement de la population future est alors déposée auprès du gouvernement de l'Ontario afin que le site puisse accueillir « *a future population where there would be home sites, garden lands, sufficient pasturage for a cow or a couple of goats for each family*[10] ». En 1943, la province accorde son aval au projet et accepte d'attribuer la terre et l'étendue d'eau qu'est Constance Lake[11] à la nouvelle bande.

Aujourd'hui, la bande de Constance Lake compte plus de 1 400 habitants d'ascendance ojibwa ou crie dont 820 habitent sur la réserve[12]. Accessible par l'autoroute 11, le territoire comprend la plupart des terres qui s'étendent entre les lacs Constance et

7. *Ibid.*
8. *Ibid.*
9. *Ibid.*
10. *Ibid.*
11. *Ibid.*
12. *Ibid.*

Wilmot, et couvre 31,1 kilomètres carrés. La faune locale (orignal, lièvre, rat musqué, castor, vison, martre ou fouine, lynx) et les poissons (brochet, truite, poisson blanc) qui vivent dans les cours d'eau de la région sont d'ailleurs bien représentés dans les romans de Doric Germain.

CONSTANCE LAKE, VERSION GERMAIN

La communauté crie de Constance Lake jouit d'un riche patrimoine dont les romans de Germain sont littéralement investis. Volonté ou effet du hasard, cette communion entre le réel et la fiction plonge ses racines dans une histoire et des traditions culturelles passionnantes.

Germain aborde la question amérindienne en fonction de deux principaux axes, dans *Le trappeur du Kabi* et *Le soleil se lève au Nord* : il s'agit des rapports entre Blancs et Amérindiens et des liens des Amérindiens avec la nature. Ce sont là des enjeux majeurs des luttes qui ont jusqu'à ce jour opposé Blancs et Amérindiens du Canada.

Pour bien saisir la nature des rapports entre les Blancs et les Cris de Calstock, il faut savoir que le territoire qu'occupent ces derniers relève d'une entente gouvernementale conclue en 1905, le Traité n° 9. Aussi connu sous le nom de Traité de la Baie James — il touche un territoire qui s'étend jusqu'à la Baie James — ce document stipule que les tribus des Cris et Ojibwa du Nord de l'Ontario conserveront leurs droits de chasse et de pêche sur leurs terres, à condition qu'ils les cèdent à l'État et consentent à vivre dans des réserves.

Les origines du traité remontent cependant plus loin. Au XIXᵉ siècle, ce sont les Amérindiens qui le réclament, afin de bénéficier des mêmes avantages que leurs frères autochtones du Sud de l'Ontario, signataires du Traité Robinson (1850). En échange de leurs terres, ces derniers avaient reçu des sommes d'argent, sans compter qu'ils bénéficiaient, aux frais de l'État, de services comme des soins de santé. Lisons à ce sujet les doléances de Louis Espagnol, chef d'une bande de la région du Lac Huron (les Eshkemanetigon), qui réclame la signature d'un traité à James Phipps, le surintendant des Affaires indiennes dans l'île Manitoulin et au lac Huron :

> Tous mes vieux Indiens qui étaient dans l'habitude de chasser ici près sont dans un grand besoin. Les trappeurs nous ont volé tous nos castors. Ils chassent et ne prennent rien et sont trop vieux pour allez [sic] au loin… il y a aussi plusieurs vieilles femmes malades, informes [sic] et plusieurs orphelins, en tout une vingtaine qui sont en grand besoin. Ils se joignent tous à moi pour vous prier de nous assister[13].

Si Louis Espagnol réclame l'aide de l'État, c'est que les Blancs sont responsables du sort des Amérindiens,

13. Louis Espagnol à James Phipps, 15 décembre 1884. Archives publiques du Canada (APC), Groupe d'archives 10 (RG10)/Volume 2289, Dossier 57,641.

qu'ils privent de leur moyen de subsistance, la chasse. Il lui faut cependant attendre 1905 pour obtenir satisfaction de l'État, dont la lenteur à mettre la main sur des terres fertiles s'explique par une mésentente entre les gouvernements fédéral et provincial au sujet des redevances monétaires destinées aux Amérindiens.

Or, en dépit du traité, les conflits persistent entre Blancs et Amérindiens, comme l'illustrent les romans de Germain. L'hostilité de George Mattawashpi envers les Blancs, dans *Le trappeur du Kabi*, en est l'exemple le plus frappant. Il y en a pourtant d'autres, comme les paroles du chef Jos Ashkwia citées plus haut, qui rappellent étrangement celles qu'adresse Espagnol à Phipps, en 1884 :

> L'orignal est de plus en plus rare. Il y a trop de chasseurs et les bûcherons saccagent tout, ne laissant plus rien à manger. Sans cesse pourchassés et sans nourriture, les orignaux meurent de faim et de fatigue. Les femelles n'ont plus qu'un petit au printemps et souvent les veaux ne voient pas l'hiver suivant. Puis, maintenant, voilà que les avions et les hélicoptères s'en mêlent. Les orignaux n'ont plus un coin où se cacher. Bientôt il faudra aller au zoo pour en voir. (*TK*, p. 167)

Si Germain fait état des conflits légendaires entre Blancs et Amérindiens, il ne vise pas cependant à exacerber ces tensions. En fait, il cherche plutôt à les désamorcer en invitant les Blancs à renouer avec l'héritage autochtone, comme le fait Marc Bérard dans *Le soleil se lève au Nord*.

HEARST, LA « GRANDE » VILLE DE LA RÉGION

La réserve de Constance Lake appartient au volet « nature » du paradigme nature/civilisation qui est au cœur de l'œuvre de Doric Germain. Hearst, pour sa part, représente le volet civilisation. La ville de Hearst, connue comme la « capitale canadienne de l'orignal[14] », ne compte, en 2006, que 5 620 habitants[15], 10 000 si l'on inclut les régions en périphérie[16]. La ville joue le rôle de centre régional de services auprès de la population du Nord[17] puisqu'on y retrouve un hôpital ainsi que l'Université de Hearst, rattachée à l'Université Laurentienne de Sudbury. Ses habitants, descendants de colons d'origine québécoise, sont francophones à plus de 85 %, certains disant même 96 %. Il s'agit là d'une autre caractéristique qui les distingue des Autochtones de la réserve de Constance Lake qui sont majoritairement anglophones[18].

---

14. Direction Ontario, « Hearst », *Le portage du Nord*, [en ligne], <http://www.directionontario.ca/regional.cfm/code/210> (consulté le 17 juillet 2010).

15. Statistiques Canada, « Hearst », [en ligne], <http://www12.statcan.gc.ca/census-recensement/2006/dp-pd/prof/92-591/details/page.cfm?Lang=F&Geo1=CSD&Code1=3556076&Geo2=PR&Code2=35&Data=Count&SearchText=Hearst&SearchType=Begins&SearchPR=01&B1=All&Custom=> (consulté le 8 juillet 2010).

16. Ville de Hearst, « Bienvenue à Hearst », [en ligne], <http://www.hearst.ca/portail/index.aspx?sect=0&module=5&module2=1&MenuID=1359&CPage=1> (consulté le 8 juillet 2010).

17. *Ibid.*

18. En 1996, les gens qui avaient une connaissance des langues autochtones comptaient pour 33,6 % de la population,

Si des postes de traite ont été établis peu de temps après l'arrivée des premiers Européens (fin 1650) dans la région environnante de Hearst (Wapisigogamy sur la rivière Missinaibi près de Mattice, New Brunswick House au nord du lac Brunswick et un dernier à Mamamattawa[19]), ce n'est cependant qu'au début du xxe siècle que des colons blancs s'y établissent. En 1869, le gouvernement canadien achète le territoire sur lequel s'érigera la ville et, en 1900, le gouvernement de l'Ontario se montre intéressé par les ressources naturelles de la région[20]. C'est à cette époque qu'est fondée la ville. Elle est d'abord une petite colonie agricole appelée Grant, mais elle change de nom, en 1911, en l'honneur de Sir William Howard Hearst, alors ministre conservateur responsable des terres et des forêts de l'Ontario et plus tard septième premier ministre de l'Ontario (1914-1919)[21]. Elle devint par la suite un poste de maintenance du Chemin

---

mais seulement 16,7 % les parlait encore à la maison. Alors que 385 habitants de la réserve avaient une connaissance de l'anglais, seuls 10 d'entre eux comprenaient le français. Voir : Affaires indiennes et du Nord Canada, « Caractéristiques linguistiques », *Profils des premières Nations*, « Constance Lake », [en ligne], <http://pse5-esd5.ainc-inac.gc.ca/fnp/Main/Search/FNLanguage.aspx?BAND_NUMBER=182&lang=fra> (consulté le 26 juillet 2010).

19. *Ibid.*, p. 1.

20. Ville de Hearst, « The Story of Hearst », [en ligne], <http://www.hearst.ca/docs_upload/documents/zone1/langue1/pdf/Story_of_Hearst.pdf>, p. 9 (document consulté le 28 juillet 2010).

21. Ville de Hearst, « Événements historiques à Hearst », [en ligne], <http://www.hearst.ca/docs_upload/documents/zone1/langue1/pdf/evenements_historiques_Hearst.pdf> (consulté le 28 juillet 2010).

de fer National Transcontinental, qui fut par la suite nommé Compagnie des chemins de fer nationaux du Canada, ainsi qu'un terminus de l'Algoma Central Railway à compter de 1912[22]. Grâce au développement du chemin de fer, la ville connaît une croissance démographique et économique. Le train s'avère d'une importance capitale pour la région puisqu'il offre la seule connexion au monde extérieur pendant plusieurs années. Aujourd'hui, l'autoroute 11 est la voie principale pour se rendre à Hearst et la gare de train est devenue un musée en 1984[23]. En 1922, la ville devient officiellement une municipalité dirigée par le maire Gus McManus[24].

Dans les romans de Germain, la ville de Hearst sert de point d'ancrage. Bâtie sur le roc du Bouclier canadien, elle est située en bordure de la partie la plus au nord de la route transcanadienne (route 11), sur la rivière Mattawishkwia[25]. Cette région fait partie de la ceinture d'argile (*Clay Belt*), qui couvre près de 120 000 km², entre les régions de Cochrane en Ontario et l'Abitibi au Québec[26], dont le sol est très fertile. Les premiers pionniers sont d'ailleurs des fermiers qui cultivent des tubercules (patates et carottes) puisque la saison estivale est trop courte dans

22. Ville de Hearst, «The Story of Hearst», *op. cit.*, p. 1.

23. *Ibid.*

24. *Ibid.*

25. Direction Ontario, «Le portage du Nord», *op. cit.*

26. Wikipédia, «Clay Belt», [en ligne], <http://en.wikipedia.org/wiki/Clay_Belt> (consulté le 17 juillet 2010).

cette région nordique pour cultiver de l'avoine ou du maïs. Aujourd'hui, l'activité agricole se fait de plus en plus rare[27]. C'est plutôt la forêt qui domine à la fois le paysage et l'économie de la région[28].

Dès les débuts de la colonisation, les habitants se rendent comptent que, si les hivers sont longs, ils sont néanmoins favorables à la coupe du bois. Les hommes quittent donc leur famille pour vivre et travailler dans les camps de bûcherons afin de suppléer aux maigres revenus des fermes[29]. Les premières scieries voient le jour dans les années 1920 et deviennent la principale industrie de la ville[30]. Jusqu'en 1945, le bois récolté est majoritairement destiné à l'industrie des pâtes et papiers[31]. Suite aux innovations des années 1960 qui révolutionnent l'industrie forestière, on remplace les chevaux par les machines, les haches par des tronçonneuses[32]. Ces innovations permettent d'ailleurs de diversifier l'industrie forestière et de produire divers types de produits du bois : planches, contreplaqués… Plusieurs entrepreneurs locaux[33] fondent alors leur propre entreprise, dont les scieries J.D. Levesque (qui devient Levesque Lumber en 1992)

---

27. Ville de Hearst, « The Story of Hearst », *op. cit.*, p. 4.

28. *Ibid.*, p. 6.

29. *Ibid.*, p. 4.

30. *Ibid.*

31. *Ibid.*, p. 5.

32. *Ibid.*, p. 8.

33. Scieries Hearst, « Préambule », [en ligne], <http://www.scierieshearst.com/> (consulté le 28 juillet 2010).

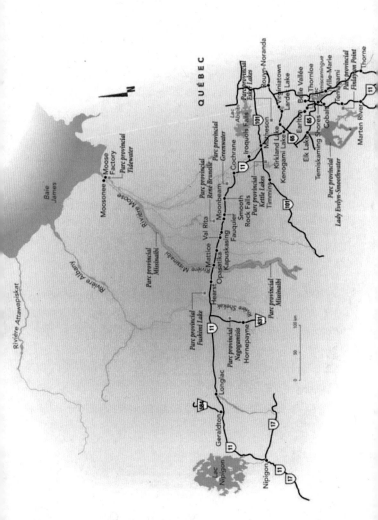

CARTE DE LA RÉGION DE HEARST
http://www.directionontario.ca/regional.cfm/code/1

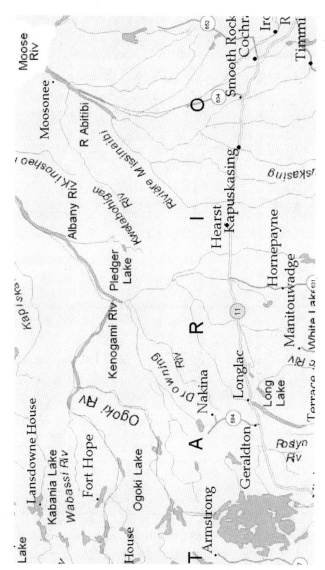

(CANADIAN GEOGRAPHIC EN LIGNE)

et Malette (qui vend à Tembec en 1994)[34], et la ville connaît une époque de prospérité. Aujourd'hui, l'industrie du bois y est toujours prédominante, mais la vitalité économique fluctue en fonction du marché international. Roger Demers et ses amis sont propriétaires d'une usine de contreplaqué, ce qui contribue au réalisme de l'œuvre de Germain.

LE « ROMAN NORDIQUE » ET LES SOURCES D'INSPIRATION DE DORIC GERMAIN

Le terme « roman nordique » est utilisé, de nos jours, pour désigner deux types de romans bien différents. D'une part, certains l'emploient pour parler des romans policiers écrits par des écrivains scandinaves et qui se déroulent dans les régions septentrionales de l'Europe. De l'autre, il désigne, en Amérique, les romans du Grand Nord canadien ou de l'Alaska[35].

---

34. Ville de Hearst, « The Story of Hearst », *op. cit.*, p. 9.

35. Voir les travaux de Daniel Chartier, dont « The North and the Great Expanse : Representations of the North and Narrative Forms in French-Canadian Literature », *British Journal of Canadian Studies* (Royaume-Uni), vol. 19, n° 1, 2007, p. 33-46 ; et « L'imaginaire boréal et la "nordicité littéraire". Au Nord, vers le Nord et le Nord en soi dans la littérature québécoise », A. K. Elisabeth Lauridsen et Lisbeth Verstraete-Hansen [éd.], *Canada. Social and Cultural Environments / Environnements sociaux et culturels*, Aarhus, The Nordic Association for Canadian Studies, Text Series vol. 22, 2007, p. 65-75. Chartier associe à ce courant *Un sourire dans la tempête* de Maurice Constantin-Weyer (1934), *La Montagne secrète* (1961) et *La rivière sans repos* (1970) de Gabrielle Roy, *Agaguk* d'Yves Thériault (1958) et plusieurs autres encore.

Deux romanciers américains qui ont connu leur heure de gloire au début du XXᵉ siècle, soit Jack London et James Oliver Curwood, comptent parmi les plus importants écrivains se rattachant à ce deuxième type de romans nordiques. Ils sont aussi les écrivains qui ont enchanté Doric Germain durant son enfance. Certains liens de parenté — thématiques, actantiels ou géographiques — existent d'ailleurs entre les romans de Germain et ceux de ses prédécesseurs.

Jack London (1876-1916)

Né en 1876, à San Francisco, John Griffith Chaney adopte très jeune le patronyme de son beau-père, John London. Il connaît une vie mouvementée, aventureuse, marquée par la pauvreté, l'errance et des emplois exotiques, dont celui de marin dans l'océan Pacifique. En 1897, il part faire fortune au Klondike. Atteint du scorbut, il doit rentrer en Californie avant d'avoir trouvé l'or qu'il cherchait. Il revient néanmoins avec une multitude d'histoires en tête qui lui vaudront sa renommée future. En effet, London sera un des auteurs les plus populaires de son époque. C'est donc à son retour de ce périple en Alaska, au tournant des années 1900, qu'il commence à publier romans, nouvelles et essais. Son premier livre, le recueil de nouvelles, *The Son of the Wolf* (*Le fils du loup*), paraît en 1900. Écrivain prolifique, il a dix livres à son actif, quatre ans plus tard.

Ses romans sis dans le Grand Nord mettent souvent en scène des animaux. *The Call of the Wild* (1903, *L'appel de la forêt*) a comme personnage principal un chien du Sud, Buck, qui devient chien de traîneau dans le Grand Nord. Au sein de cette contrée sauvage, il apprend à vivre selon la loi du plus fort, celle qui veut que les hommes dominent les chiens et que les chiens dominent leurs compagnons les plus faibles. Buck s'adapte si bien à cette vie, qu'il fait bientôt régner la terreur dans sa meute. Pour tout dire, il ne s'exprime plus que par la violence jusqu'au jour où il rencontre John Thornton, un explorateur qui le soustrait aux sévices de son maître. Pour la première fois de sa vie, Buck connaît la compassion d'un homme. En signe de reconnaissance, il devient son fidèle compagnon. Or, les hommes sont sauvages. Et Buck s'en souvient quand il trouve John assassiné. Il décide alors de se joindre à une meute de loups après avoir vengé son maître de ses assassins.

Plusieurs autres romans, dont *White Fang* (*Croc blanc*) et *Burning Daylight* (*Radieuse aurore*) se déroulent également en Alaska, le second durant la ruée vers l'or, cadre qui permet une vive critique du capitalisme. *White Fang* raconte l'histoire d'un loup. Le roman exploite l'opposition entre la nature et la civilisation. Fondée sur le règne animal, la première partie du roman décrit le quotidien de sa mère, Kiche, au sein de la meute, la naissance de Croc blanc et les premiers moments de sa vie en forêt. Puis, la civilisation s'immisce dans cet univers, quand Kiche se soumet à l'autorité de son ancien maître, Castor gris, qu'elle vient de retrouver. Croc blanc suit son exemple. S'ensuit une palpitante aventure pour ce jeune loup, qui se joint alors à un attelage de chiens. Au cours de cette expérience, il va de découvertes en découvertes. Mais la plus marquante d'entre elles reste celle de la violence : celle de ses maîtres, qui le corrigent, et celle de ses compagnons, qui l'attaquent férocement. Guidé par son instinct de survie, Croc blanc s'adapte rapidement à ce mode de vie. En fait, il devient si féroce qu'il attire l'attention de Beauty Smith, un amateur de combats de chiens, qui l'achète à son maître. Dès lors, Croc blanc affronte une multitude d'adversaires qu'il tue tous. Jusqu'à ce qu'il tombe sur plus fort que lui. Quand il affronte le bulldog Cherokee, il frôle la mort. S'il y échappe, c'est qu'il est secouru *in extremis* par Weedon Scott, un ingénieur des mines à Dawson, qui le rachète — de force — à Smith. Scott l'apprivoise et gagne son affection. Puis, il repart avec lui vers sa Californie natale. C'est alors que débute une troisième vie pour Croc blanc : celle du Sud et de la civilisation qui est bien plus douce que celle du Nord.

Une comparaison entre ces livres et ceux de Germain illustre tout ce qui sépare l'imaginaire de l'écrivain franco-ontarien de London, mais aussi ce qui les unit. Du côté des ressemblances, notons que Germain et London ont deux thèmes de prédilection en commun : celui de la beauté sauvage du Grand Nord et celui de la cupidité, voire de la méchanceté des hommes. Les deux auteurs mettent aussi en scène des mondes essentiellement masculins. Dans l'œuvre des deux romanciers, l'opposition entre la nature et la civilisation et celle entre le monde des bêtes et celui des hommes font le plus souvent ressortir la bestialité du monde qui est censé être civilisé. Cependant, dans *Croc blanc*, c'est le monde du Sud qui l'emporte sur celui du Nord et permet au héros d'y vivre mieux alors que chez Germain, le Nord est le lieu par excellence. En effet, les dissemblances entre les œuvres sont tout aussi nombreuses. Ainsi, dans les romans nordiques de London, la violence est beaucoup plus prononcée que chez Germain, sauf en ce qui concerne la tuerie maniaque de George Mattawashpi dans *Le trappeur du Kabi*. Si la forêt est le lieu d'épreuves pour les personnages de Doric Germain, si elle sévit envers ceux qui ne suivent pas ses lois, elle est cependant juste et récompense ceux qui la respectent. Chez London, au contraire, la forêt entraîne la haine, l'hostilité et la sauvagerie.

Ce sont les thèmes et l'espace qui unissent les deux œuvres, à l'exception d'un roman de London qui ressemble quelque peu par sa trame narrative au *Soleil se lève au Nord*. Il s'agit de *Smoke Bellew* (1912, *Belliou la fumée*). Les deux romans, celui de Germain et celui de London, mettent en scène un jeune citadin qui est initié à l'espace nordique par son oncle. Dans le roman de London, Christopher Bellew quitte San Francisco pour accompagner son oncle lors d'une expédition vers le Klondike. Alors que son oncle le croit incapable de faire le rude travail qui l'attend et de faire face au climat rigoureux, Christopher réussit à force de courage et d'acharnement à affronter la vie rude et sauvage du Grand Nord. En fait, sa nouvelle existence lui plaît tellement qu'il décide de rester dans le Nord quand son oncle repart vers San Francisco. Christopher — devenu Smoke Bellew — vit alors plusieurs aventures qui lui permettent d'en apprendre toujours davantage sur la vie du pays de l'or. En certaines occasions, sa bravoure est si grande qu'il devient vite un héros du Grand Nord aux yeux de ses amis — Shorty et Joy Gastell — et de toute la communauté de Dawson. Dans ce roman, comme dans celui de Germain, le personnage principal est un jeune homme qui, grâce à son oncle, fait l'apprentissage de la vie en se confrontant à l'espace nordique. Mais ici aussi les ressemblances restent superficielles. Trop en fait pour qu'on puisse parler d'intertextualité[36]. En effet, afin d'être opératoire, celle-ci nécessite la présence de rapports entre deux textes au niveau de leurs structures narratives globales. Or, ici ce ne sont que certains éléments ponctuels, plus de l'ordre des ressemblances génériques, qui sont repris.

James Oliver Curwood (1878-1927)

Plus que Jack London, James Oliver Curwood a laissé sa marque sur l'imaginaire de Doric Germain. Curwood est considéré, avec Jack London, comme

---

36. Lucie Hotte, *Romans de la lecture, lectures du roman. L'inscription de la lecture*, Québec, Nota bene, coll. «Littérature(s)», 2001, p. 81.

l'un des maîtres du roman nordique. Comme chez
London, certains livres de Curwood sont des récits
animaliers, tels que *Kazan* (1914, *Kazan*), *Nomads of the
North* (1919, *Nomades du nord*), ou *Grizzly-King* (1916,
Le grizzly) qui a été adapté au cinéma par Jean-Jacques
Annaud (*L'ours*). Si Curwood commence à publier romans et nouvelles dès les années 1900, soit à la même
époque que London, ce n'est toutefois qu'après son
voyage de 1909 dans le Grand Nord que sa vie et
son œuvre prennent un tournant décisif. Curwood
passe, à compter de cette date, six mois par année
dans le Nord où il vit dans une cabane et se nourrit
des produits de la chasse et de la nature[37]. Selon ses
traducteurs français : « La pensée de Curwood est
moins âpre [que celle de London] et, même quand
il dépeint un drame, son style est moins cruellement
tragique. Il glisse plus légèrement sur l'horreur et sur
la douleur, pour se reposer bientôt sur quelque tableau plus amène et plus souriant[38]. » Chez Curwood,
comme chez Doric Germain, la rigueur du Grand
Nord amène l'homme à se dépasser et à acquérir
une force physique et morale ; elle ne conduit pas à
la violence brute, même si celle-ci est présente dans
ses romans notamment lors des affrontements entre
diverses tribus amérindiennes ou entre l'homme et
les bêtes sauvages.

37. Shiawassee District Library, « James Oliver Curwood »,
[en ligne], <http://www.sdl.lib.mi.us/history/curwood.html>
(consulté le 19 novembre 2010).

38. *Gens et bêtes du Grand Nord,* édition préparée par Francis
Lecassin.

Deux romans en particulier méritent d'être rapprochés de l'œuvre de l'écrivain franco-ontarien. Il s'agit d'un diptyque qui réunit *The Wolf Hunters : a Tale of Adventures in the Wilderness* (1908, *Les chasseurs de loups*) et *The Gold Hunters : a Story of Life and Adventures in the Hudson Bay Wilds* (1909, *Les chasseurs d'or*).

Le premier roman décrit un épisode dans la vie de Wabigoon Newsome et de Roderick Drew, deux jeunes hommes qui se livrent à la trappe dans le Grand Nord canadien en compagnie d'un guide et mentor amérindien, Mukoki. Le premier, un habitant du Grand Nord, est un Métis qui connaît tout de cette vie. Le second en découvre quant à lui tous les détails, car c'est un citadin originaire de Détroit. C'est là, d'ailleurs, qu'il a rencontré Wabigoon alors que celui-ci y faisait ses études. Dans *The Wolf Hunters*, Curwood décrit toutes les aventures que vivent les deux amis et le vieil indien Mukoki après que Rod ait accepté de suivre Wabi dans le Nord.

Dans le second roman, l'intrigue tourne autour de l'exploitation d'un filon aurifère que Rod, Wabi et Mukoki avaient découvert dans le récit précédent. Or, dans cette aventure de l'or, les trois amis découvriront des choses bien plus importantes que le précieux métal. Ils explorent le cœur et la conscience humaine et ressortent grandis de cette expérience. Ces romans de Curwood partagent avec ceux de Doric Germain trois éléments : un espace où se déroulent les intrigues, des personnages-types et certaines scènes ou thèmes.

Curwood et Germain sont des amoureux du vaste espace nordique et peignent un portrait parfois idyllique de sa beauté naturelle, parfois réaliste, de sa dureté. Or, cet espace représenté dans les textes est sensiblement le même : celui du Nord de l'Ontario. Pour Germain, nous l'avons vu, il s'agit de la région de Hearst et de la réserve de Constance Lake sise plus à l'ouest sur la route 11. C'est dans *La vengeance de l'original* que les toponymes sont le plus présents. Ainsi, les rivières Kabinakagami, Kenogami, Nagagami et Pitopiko, comme le lac Pitukupi sont les cours d'eau fréquentés par les chercheurs d'or qui tenteront de retourner à la civilisation en se rendant de la « rivière Pitopiko à la baie James, en passant par la Nagagami, la Kenogami et l'Albany » (*VO*, p. 104). C'est donc toute la région au nord de Hearst qui sert de cadre à l'histoire. Dans *Le trappeur du Kabi*, les noms de lieux sont moins fréquemment mentionnés, bien qu'il soit spécifié que le voyage de chasse a lieu « [à] quelques kilomètres à l'ouest du lac Kabinakagami ». Il y a également Hearst bien sûr, ville où résident les trois chasseurs et où Roger Demers sera transporté pour y être soigné après avoir été attaqué par George Mattawashpi. Le dernier roman se déroule, lui aussi, dans la région environnante de Hearst et plus précisément celle de la réserve de Constance Lake.

L'espace représenté dans les deux romans de Curwood est situé à l'ouest de Hearst, soit la région du lac Nippigon. Les trois protagonistes s'aventurent dans la région de la rivière Kenogami dans *The Wolf*

Hunters et y retournent dans *The Gold Hunters*. Ainsi, les deux territoires romanesques se recoupent. En outre, ces lacs, ces rivières, ces montagnes et ces plaines ont peu changé d'une œuvre à l'autre même si les deux écrivains choisissent de situer leurs romans à une époque qui leur est contemporaine. L'absence de route et de chemin de fer au nord de l'autoroute 11 a préservé le caractère sauvage du territoire. Évidemment, Demers, Lacasse et Rousseau partent chasser en avion, alors que Rod, Wani et Muki doivent se déplacer en traîneau à chien. Toutefois, une fois sur le terrain, les descriptions de la faune et de la flore restent sensiblement les mêmes.

Il est possible d'identifier des similarités entre les personnages des deux romanciers. Les personnages de Curwood, comme ceux de Germain, sont unis par l'amitié. Chez Germain, cette amitié est parfois fragile, telle celle qui unit les trois protagonistes dans *Le trappeur du Kabi*. Chez Curwood, au contraire, il s'agit d'une amitié forte et durable entre les deux jeunes hommes, Roderick Drew et Wabigoon Newsome, qui se sont rencontrés durant leurs études, et leur guide amérindien, Mukoki. Comme dans les deux premiers romans de Germain, les personnages de Curwood forment des trios. Un premier réunit les amis partis à la chasse dans *The Wolf Hunters* et à la recherche de l'or dans *The Gold Hunters*, alors que le second est formé des chercheurs d'or qu'ils trouvent morts : John Ball, Henri Langlois et Peter Plante. Dans *The Gold Hunters*, l'intrigue amoureuse entre Rod et

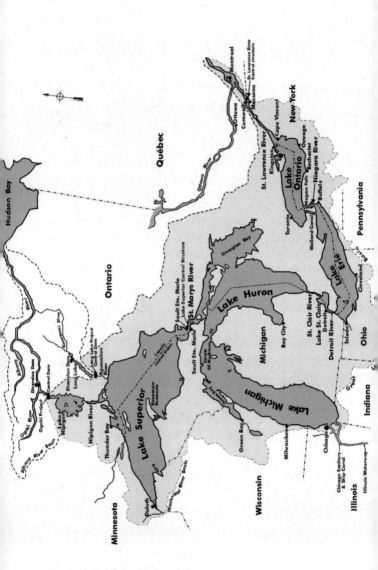

CARTE DE LA RÉGION DU LAC NIPPIGON
http://fr.wikipedia.org/wiki/lac_nipigon

Minnetaki, la sœur de Wabi, rappelle celle entre Marc Bérard et Mona dans *Le soleil se lève au Nord*. Les ressemblances touchent surtout aux fonctions des personnages dans les intrigues, car leurs personnalités sont bien différentes.

En effet, si Rod sera pris par la fièvre de l'or, ce n'est pas le cas de Marc. En outre, il «souffrira» d'une forme bien bénigne de la maladie en comparaison avec Lavoie, Daggett et Collins de *La vengeance de l'original*. En effet, lorsque Rod, Wabi et Mukoki trouvent le vieux John Ball malade et mourant, ils laissent de côté l'or et le ramènent sans plus tarder au poste de traite où il pourra être soigné. Ainsi, contrairement aux chercheurs d'or de Germain, ceux de Curwood ne perdent pas leur compassion après leur découverte. Les trois chercheurs d'or précédents, John Ball, Peter Plante et Henry Langlois, ont toutefois été atteints de la fièvre de l'or et ont cédé à des pulsions meurtrières afin de s'approprier les richesses découvertes. Ainsi, les deux amis de Ball ont tenté de l'assassiner suite à une dispute liée à la répartition des pépites d'or. Plus loin dans le roman, lorsqu'en route vers le Sud, ils s'entretuent dans la cabane que Rod, Wabi et Mukoki ont découverte dans *The Wolf Hunters*. Ball, qui a survécu à l'attentat contre sa vie, retourne à Montréal, mais finit par revenir chercher l'or avec son épouse Dolores. Elle perd aussi la vie dans cette quête d'or lorsqu'elle disparaît un jour dans la rivière. Ball tente de la retrouver, mais n'y parvient pas. Il en perd la raison. Lorsque Rod, Wabi et Mukoki le trouvent sur la piste de l'or, il est en bien piètre état. Le roman se termine alors qu'ils planifient de ramener Ball, revenu à la santé, à Montréal.

Parmi les ressemblances plus ponctuelles entre les œuvres de Curwood et de Germain, notons la présence du paradigme nature/civilisation. Dans les deux cas, la nature, bien que sauvage et cruelle, engendre des comportements positifs chez ceux qui l'apprécient et la respectent, alors que la ville fait naître la cupidité chez ses habitants. Dans *The Gold Hunters*, le narrateur soutient qu'il n'y a pas de voleurs chez les Indiens du Nord et que s'il s'en trouve dans le Sud, comme le soutient Rod, c'est parce que ceux-ci ont vécu trop longtemps parmi les Blancs, ces soi-disant civilisés, qui leur enseignent la méchanceté. Germain présente, bien sûr, une vue plus nuancée, mais la nature reste le lieu d'harmonie par excellence.

Les scènes de chasse, présentes dans les romans des deux écrivains, sont une autre ressemblance superficielle, qui permet de rapprocher les deux œuvres. Ces recoupements ressortissent plus au « scénario motif » qu'à un quelconque lien intertextuel ou hypertextuel. Le scénario motif, tel que défini par Jacques Lemieux et Denis Saint-Jacques, touche à la question des genres littéraires ou plus précisément des sous-genres littéraires, comme le roman nordique. En effet, les romans appartenant à un même sous-genre, tel le roman policier ou le best-seller, partagent une *fabula*. Dans le cas des best-sellers, étudiés par Lemieux et Saint-Jacques, cette *fabula* comprend certaines séquences qui sont reprises sous des formes variées d'un roman à l'autre. Par exemple, ces romans s'ouvrent sur «un personnage qui vit dans une situation d'équilibre euphorique», puis «apparaissent des difficultés graves mettant en jeu sa survie ou sa liberté[39]» et ainsi de suite. Il en est de même des romans de Curwood et de Germain qui réactualisent certaines scènes types du roman nordique : la tempête de neige, la chasse, les contacts plus ou moins harmonieux avec les Amérindiens, la fièvre de l'or...

Enfin, tant les deux romans de Curwood que les trois de Germain présentent des récits d'apprentissage où les personnages affrontent l'adversité, représentée soit par la nature rigoureuse du Nord, soit par les contacts avec l'altérité amérindienne, pour finalement sortir grandis de l'expérience (chez Curwood et dans *Le trappeur du Kabi* ainsi que *Le soleil se lève au Nord*) ou d'en mourir (comme dans *La vengeance de l'original*). Ici aussi Germain innove en mettant en scène des personnages adultes, plutôt que de jeunes hommes, et en décrivant des apprentissages négatifs. C'est là la trace du véritable écrivain : partir d'un fonds commun — un genre littéraire — pour en tirer une œuvre originale qui amène les lecteurs à s'interroger sur leur propre rapport au monde.

---

39. Jacques Lemieux et Denis Saint-Jacques, «Un scénario motif dans le champ des best-sellers», *Voix et Images*, vol. 15, n° 2, (44), hiver 1990, p. 264.

Vous aimez les romans de la nature ou du Grand Nord? En voici quelques autres...

Dubois, Gilles (2007), *Akuna-Aki, meneur de chiens*, Ottawa, L'Interligne.

Dubois, Gilles (2005), *L'homme aux yeux de loup*, Ottawa, David.

Germain, Doric (2003), *Défenses légitimes*, Ottawa, Le Nordir.

Resch, Aurélie (2007), *Contes de la rivière Severn*, Ottawa, Le Vermillon.

Saint-Germain, Daniel (2005), *Sept jours dans la vie de Stanley Siscoe*, Hull, Vents d'Ouest.

Thériault, Yves (2006, [1958]), *Agaguk*, Montréal, Dernier Havre.

Thériault, Yves (1996, [1969]), *Tayaout, fils d'Agaguk*, Montréal, Typo.

POUR LES PLUS JEUNES LECTEURS

DEMERS, Dominique (1997), *Maïna, l'appel des loups*, tome 1, Montréal, Québec-Amérique.

DEMERS, Dominique (1997), *Maïna, au pays de Nataq*, tome 2, Montréal, Québec-Amérique.

DUBOIS, Gilles (2009), *La piste sanglante*, Ottawa, L'Interligne[1].

MARCHILDON, Daniel (1990), *Le secret de l'île Beausoleil*, Montréal, Éditions Pierre-Tisseyre.

---

1. Version pour la jeunesse de *Akuna-Aki, meneur de chien*.

BIBLIOGRAPHIE

ŒUVRES DE DORIC GERMAIN

Défenses légitimes (2003), Ottawa, Le Nordir, coll. «Rémanence», 157 p.

Le soleil se lève au Nord (1991), Sudbury, Prise de parole, 116 p.

Poison (2001 [1985]), nouv. éd., Sudbury, Prise de parole, 210 p.

Le trappeur du Kabi (1993 [1981]), nouv. éd., Sudbury, Prise de parole, 213 p.

La vengeance de l'orignal (1995, [1980]), nouv. éd., Sudbury, Prise de parole, 117 p.

ÉTUDES SUR L'ŒUVRE DE L'AUTEUR

Benson, Mark (1987), «Cycles», *Canadian Literature*, nº 112, printemps, p. 136-138.

Gay, Paul (1983), «Le roman franco-ontarien», dans René Dionne (dir.), *Propos sur la littérature franco-ontarienne*, vol. IV, Ottawa, Centre de recherche en civilisation canadienne-française, p. 133-140.

Gratton, Denis (1986), «Doric Germain : Aurait-il perdu le nord?», *Liaison*, nº 40, automne, p. 26-27.

Hotte, Lucie (2003), « Doric Germain : *Défenses légitimes* », *Nuit blanche*, n° 91, été, p. 12.

Hotte, Lucie avec la coll. de Véronique Roy (2003), « Devenir homme : l'apprentissage de la vie dans les romans pour la jeunesse de Doric Germain », dans Françoise Lepage (dir.), *La littérature pour la jeunesse 1970-2000*, Montréal, Fides, « Archives des lettres canadiennes, tome XI », p. 265-286.

Karch, Pierre (2003-2004), « Lettres canadiennes 2002. Roman », *University of Toronto Quarterly*, vol. 73, n° 1, Winter, p. 381-399.

Landry, Kenneth (1985), « *Poison* », *Revue du Nouvel-Ontario*, n° 7, p. 121-122.

Lord, Michel (2004-2005), « Lettres canadiennes 2003. Roman », *University of Toronto Quarterly*, vol. 74, n° 1, Winter, p. 1-24.

Marchildon, Daniel (1982), « *Le trappeur du Kabi* : de nombreux pièges », *Liaison*, n° 22, juin-juillet, p. 40-41.

Poirier, Guy (2004), « *Défenses légitimes* de Doric Germain et *Le retour à l'île* de Pierre Raphaël Pelletier », *Francophonies d'Amérique*, printemps, n° 17, p. 125-127.

Renaud, Normand (1983), « Romans et nouvelles de l'Acadie, d'Ontario et du Manitoba », *Livres et auteurs québécois 1982*, p. 23-26.

Renaud, Rachelle (1992), « Doric Germain, *Le soleil se lève au Nord* », *Liaison*, n° 65, janvier, p. 43.

Sylvestre, Paul-François (2003), « Une tragédie de 1963 refait surface dans un roman de 2003 », *L'express de Toronto*, 4 au 10 février, p. 9.

Sylvestre, Paul-François (1986), « *Poison* : un roman sans prétention », *Liaison*, n° 38, printemps, p. 59.

Tousignant, Guylaine (2003), « Reesor Siding, la vraie histoire romancée », *Liaison*, n° 119, été, p. 52.

Villeneuve, Jocelyne (1985), « Prise de parole : ouverture officielle », *Le voyageur*, 23 octobre, p. 5.

SOURCES CONSULTÉES

Auerbach, Jonathan (1996), *Male call. Becoming Jack London*, Durham and London, Duke University Press.

Chartier, Daniel (2007), « The North and the Great Expanse : Representations of the North and Narrative Forms in French-Canadian Literature », *British Journal of Canadian Studies* (Royaume-Uni), vol. 19, n° 1, p. 33-46.

Chartier, Daniel (2007), « L'imaginaire boréal et la "nordicité littéraire". *Au* Nord, *vers* le Nord et le Nord *en soi* dans la littérature québécoise », dans A. K. Elisabeth Lauridsen et Lisbeth Verstraete-Hansen [dir.], *Canada. Social and Cultural Environments / Environnements sociaux et culturels*, Aarhus, The Nordic Association for Canadian Studies, Text Series vol. 22, p. 65-75.

Curwood, James Oliver (1992), *Bêtes et gens du Grand Nord*, éd. établie par Francis Lacassin, Paris, Robert Laffont, coll. « Bouquins ».

Curwood, James Oliver (1923), *The Alaskan. A Novel of the North*, New York, Grosset & Dunlap.

Curwood, James Oliver (1922), *Nomads of the North. A Story of Romance and Adventure Under the Open Stars*, Garden City, N.Y. and Toronto, Doubleday, Page & Co.

Curwood, James Oliver (1914), *Kazan*, New York, Grosset & Dunlap.

Curwood, James Oliver (1911), *The Honnor of the Big Snows*, Toronto, McLoed & Allen.

Curwood, James Oliver (1908), *The Wolf Hunters, A Tale of Adventures in the Wilderness*, New York, Grosset & Dunlap.

Curwood, James Oliver (1976 [1909]), *The Gold Hunters, a story of life and adventures in the Hudson Bay wilds*, Mattituck, Aeonian Press.

Germain, Doric (2005), « Écrire en Ontario français : un témoignage », dans Lucie Hotte et Johanne Melançon (dir.), *Thèmes et variations. Regards sur la littérature franco-ontarienne*, Sudbury, Prise de parole, p. 31-37.

Lemieux, Jacques et Denis Saint-Jacques, « Un scénario motif dans le champ des best-sellers », *Voix et Images*, vol. 15, no 2, (44), hiver 1990, p. 260-268.

London, Jack (2002), *L'Appel de la forêt*, Paris, Hachette Livre, coll. « Livre de poche. Jeunesse ».

London, Jack (1999), *Les Enfants du froid*, Paris, Phébus, coll. « Libretto ».

London, Jack (1989), *Le Canyon en or massif*, Paris, Larousse, coll. « Classiques Junior ».

London, Jack (1984), *Le Fils du loup*, Paris, Nathan, coll. « Lecture-Aventure ».

London, Jack (1982), *Novels and Stories. The Call of the Wild, White Fang, The Sea-Wolf, Short Stories*, New York, The library of America.

London, Jack (1982), *Belliou la fumée*, Paris, Union générale d'éditions, coll. « 10/18 », no 1477.

London, Jack (1979), *Fille des neiges*, Paris, Union générale d'éditions, coll. « 10/18 », no 1301.

London, Jack (1930), *Croc blanc*, Paris, Nelson Éditeurs.

London, Jack (1912), *Smoke Bellew*, Toronto, Bell & Cockburn.

London, Jack (1902), *Children of the Frost*, New York, London, Macmillan.

London, Jack (1902), *A daughter of the snow*, New York, Grosset & Dunlap.

London, Jack (1900), *The Son of the Wolf*, Boston, New York, Houghton, Mifflin.

Perry, John (1981), *Jack London. An American Myth*, Chicago, Nelson-Hall.

Suleiman, Susan Robin (1983), *Le roman à thèse ou l'autorité fictive*, Paris, PUF, coll. «Écritures».

Watson, Charles N. (1983), *The Novels of Jack London. A Reappraisal*, London, The University of Wisconsin Press.

WEBOGRAPHIE

Affaires indiennes et du Nord Canada, «Caractéristiques linguistiques», *Profils des premières Nations*, «Constance Lake», [en ligne], <http://pse5-esd5.ainc-inac.gc.ca/fnp/Main/Search/FNLanguage.aspx?BAND_NUMBER=182&lang=fra> (consulté le 26 juillet 2010).

Affaires indiennes et du Nord Canada, «Peuples et collectivités autochtones», [en ligne], <http://www.ainc-inac.gc.ca/ap/index-fra.asp> (consulté le 13 juillet 2010).

Affaires indiennes et du Nord Canada, «Premières Nations», [en ligne], <http://www.ainc-inac.gc.ca/ap/fn/index-fra.asp> (consulté le 13 juillet 2010).

Affaires indiennes et du Nord Canada, «Questions les plus fréquemment posées au sujet des Autochtones», [en ligne], <http://www.ainc-inac.gc.ca/ap/fn/fip/info125-fra.asp> (consulté le 27 juillet 2010).

Berkeley University, «The Jack London Online Collection», [en ligne], <http://london.sonoma.edu/> (consulté le 19 novembre 2010).

Constance Lake First Nation, «Constance Lake First Nation», [en ligne], <http://www.clfn.on.ca/> (consulté le 8 juillet 2010).

Constance Lake First Nation, « Our history », [en ligne], <http://www.clfn.on.ca/> (consulté le 18 juillet 2010).

Direction Ontario, « Hearst », *Le portage du Nord*, [en ligne], <http://www.directionontario.ca/regional.cfm/code/210> (consulté le 17 juillet 2010).

Direction Ontario, « Le portage du Nord », [en ligne], <http://www.directionontario.ca/regional.cfm/code/1> (consulté le 17 juillet 2010).

Katimavik, « Hearst, Ontario », [en ligne], <http://www.katimavik.org/Listitem/index/id/175> (consulté le 17 juillet 2010).

Portail des Autochtones du Canada, « Constance Lake », [en ligne], <http://www.autochtonesaucanada.gc.ca/acp/community/site.nsf/fra/fn182.html> (consulté le 13 juillet 2010).

Routard, « Jack London : un compagnon de voyage », [en ligne], <http://www.routard.com/mag_dossiers/id_dm/9/jack_london.htm> (consulté le 19 novembre 2010).

Scieries Hearst, « Préambule », [en ligne], <http://www.scierieshearst.com/> (consulté le 28 juillet 2010).

Shiawassee District Library, « James Oliver Curwood », [en ligne], <http://www.sdl.lib.mi.us/history/curwood.html> (consulté le 19 novembre 2010).

Statistiques Canada, « Hearst », [en ligne], <http://www12.statcan.gc.ca/census-recensement/2006/dp-pd/prof/92-591/details/page.cfm?Lang=F&Geo1=CSD&Code1=3556076&Geo2=PR&Code2=35&Data=Count&SearchText=Hearst&SearchType=Begins&SearchPR=01&B1=All&Custom=> (consulté le 8 juillet 2010).

Ville de Hearst, « Bienvenue à Hearst », [en ligne], <http://www.hearst.ca/portail/index.aspx?sect=0&module=5&module2=1&MenuID=1359&CPage=1> (consulté le 8 juillet 2010).

Ville de Hearst, «Premières Nations», [en ligne], <http://www.hearst.ca/portail/index.aspx?sect=0&module=5&module2=1&MenuID=1366&CPage=1> (consulté le 8 juillet 2010).

Ville de Hearst, «Événements historiques à Hearst», [en ligne], <http://www.hearst.ca/docs_upload/documents/zone1/langue1/pdf/evenements_historiques_Hearst.pdf> (document consulté le 28 juillet 2010).

Ville de Hearst, «The Story of Hearst», [en ligne], <http://www.hearst.ca/docs_upload/documents/zone1/langue1/pdf/Story_of_Hearst.pdf> (document consulté le 28 juillet 2010).

Wikipédia, «The Clay Belt», [en ligne], <http://en.wikipedia.org/wiki/Clay_Belt> (consulté le 17 juillet 2010).

TABLE DES MATIÈRES

PREMIÈRE PARTIE
ÉTUDE DE LA VENGEANCE DE L'ORIGNAL, LE TRAPPEUR DU KABI ET LE SOLEIL SE LÈVE AU NORD

LA VENGEANCE DE L'ORIGNAL

VOIX DIDACTIQUES — AUTEURS
Collection dirigée par Françoise Lepage†

MANGADA CAÑAS, Beatriz C. *Hélène Brodeur*, Ottawa, 2003, nº 1.

CÔTÉ, Jean-Denis et Dominic GARNEAU. *Daniel Marchildon*, Ottawa, 2003, nº 2.

LEPAGE, Françoise. *Daniel Mativat*, Ottawa, 2003, nº 3.

LE BRUN, Claire. *Raymond Plante*, Ottawa, 2004, nº 4.

LACROIX, Johanne et Suzanne POULIOT. *Michèle Marineau*, Ottawa, 2005, nº 5.

SORIN, Noëlle. *Robert Soulières*, Ottawa, 2008, nº 6.

BEAULÉ, Sophie. *Jean-Louis Trudel*, Ottawa, 2008, nº 7.

HOTTE, Lucie, avec la collaboration de Véronique ROY. *Doric Germain*, Ottawa, 2012, nº 8.

Imprimé sur papier Silva Enviro
100 % postconsommation
traité sans chlore, accrédité Éco-Logo
et fait à partir de biogaz.

Concept de la couverture : Luong Lê-Phan
Typographie et montage : Anne-Marie Berthiaume graphiste

Dépôt légal, 1ᵉʳ trimestre 2012
ISBN 978-2-89597-206-8

Achevé d'imprimer en février 2012
sur les presses de Marquis imprimeur
à Cap-Saint-Ignace (Québec) Canada